Antidépresseurs, mensonges et conséquences

Lucia Canovi

Antidépresseur, mensonges et conséquences

Avant-propos

Qu'est-ce qui est efficace contre le gel ? L'antigel.
Contre le brouillard ? L'antibrouillard.
Contre les mites ? L'antimite.
Et contre la dépression ?

Il serait logique de répondre : « les antidépresseurs ». D'un point de vue linguistique, les antidépresseurs sont indiscutablement la solution aux difficultés émotionnelles auxquelles on a donné le nom de « dépression »...

Mais du point de vue de la réalité ?

Peut-être êtes-vous actuellement sous traitement. Peut-être aussi que vous ne prenez pas d'antidépresseurs, mais que vous y pensez : vous vous dites que cette « béquille » (le mot consacré quand on parle d'eux) vous permettra de boiter jusqu'à la sortie de la dépression.

Quelle que soit votre situation et votre opinion actuelles sur les antidépresseurs, lisez attentivement cette partie et vous aurez toutes les cartes en main pour faire, ou refaire, un choix libre et éclairé. Choix qui vous rapprochera de la bonne porte.

Celle sous laquelle filtre la lumière du soleil.

La traversée des apparences

Avec votre accord, dans cette partie je prendrai *antidépresseurs* au sens large, en y incluant les médicaments prescrits contre la dépression, mais aussi ceux prescrits contre l'angoisse (anxiolytiques, tranquillisants), l'insomnie (somnifères), et les diverses maladies mentales (psychotropes, antipsychotiques, neuroleptiques, etc.).

L'usage thérapeutique qui est fait de ces différents types de médicaments est de toute façon souple, voire hyper-flexible. Dans ce sens élargi, toute substance chimique qu'un psychiatre prescrit à son patient rassuré ou inquiet, ravi ou renâclant, est un antidépresseur.

Et maintenant, un peu de rangement...

Deux genres de choses

On peut répartir les choses en deux grandes catégories : celles qui sont honnêtes et celles qui ne le sont pas.

Ainsi le réveil qui fait dring d'une voix stridente pour dire : « C'est l'heure ! Tu *dois* te lever ! » est surmonté de deux cloches virulentes comme des oreilles de boxer qui annoncent clairement la couleur. Ainsi l'écorce de l'orange est orange, comme son nom et comme sa pulpe. Ainsi les gros coquillages qu'on appelle conques sont aussi beaux à l'extérieur qu'à l'intérieur (d'un rose céleste).

Et d'un autre côté, nous avons de fausses perles, de faux seins, et d'alléchants gâteaux en carton-pâte...

Dans quelle catégorie faut-il ranger les antidépresseurs ?

Telle est la question.

Des noms suaves

Quand on entend parler pour la première fois des *antidépresseurs*, on est favorablement impressionné par leur nom, qui résonne comme une promesse. Les termes d'*anxiolytique*, de *calmant* et de *tranquillisant* sont tout aussi séduisants : ils font miroiter un peu de répit, un peu de repos ; la fin de l'anxiété et le début d'une ère nouvelle, faite de calme et de tranquillité...

Les noms de marque des antidépresseurs ne sont pas moins évocateurs, pas moins suggestifs.

Par exemple dans *Euphytose* on entend *euphorie.* Dans *Donormyl, dodo* et *normal...* ce qui donne à penser qu'avec ce médicament, on va retrouver un dodo normal. Le nom dynamique et tonique de l'*Effexor* suggère qu'il fait beaucoup d'effet, qu'il est très efficace. L'*Humoryl* souriant promet bonne humeur et humour. Doté d'un *an* privatif, l'*Ananxyll* soulage certainement de l'anxiété. Et l'*Ascensyl,* est-il un ascenseur pour le septième ciel ? Son nom le suggère.

Et c'est loin d'être fini...

Il y a le *Paxil,* qui évoque la paix (*pax,* en latin). Le *Psychopax,* qui fait penser à celle de l'esprit (*psycho-* : « esprit » en grec). La *Quietiline,* dont le nom apaisant fait espérer un peu de quiétude. Quant au *Lamictal,* comment ne pas être attiré par son petit air amical ?

Attendez, ce n'est pas tout.

Il y a le *Restoril,* qui fait penser à *restaurer* et à *rest* (se reposer, en anglais)... Le *Serenase,* débordant de *sérénité...* Le *Seresta,* où l'on entend *sérénité, rest,* et *sieste...* Le *Stablon,* d'une stabilité rassurante... Le *Stillnox* qui garantit des nuits tranquilles (*still* : « tranquille » en anglais ; *nox* : « nuit » en latin)... Le *Stresam,* qui a tout l'air d'être un sésame contre le stress... Le *Surmontil* qui aide certainement à surmonter de nombreuses difficultés... Le *Tranxilium* qui fait penser à *transe* et à *tranquillité...* Le *Victan* victorieux...

Avec un peu d'imagination et de mauvais esprit, on peut bien sûr inverser toutes ces connotations positives : le *Serenase* c'est

8

naze, *Psychopax* c'est pour les psychopathes, etc. Mais il est plus simple, et plus naturel, de se laisser séduire sans réfléchir par tous ces noms soigneusement conçus pour susciter l'espoir, mais aussi le respect. En effet leurs racines grecques et latines et leurs terminaisons médicales leur donnent un air sérieux et légèrement imposant.

Et MENTALPAX ? Je reconnais volontiers que je me suis inspirée des stratégies sémantiques de l'industrie pharmaceutique pour le titre de mon livre. Les écrivains ne doivent pas laisser à d'autres le privilège et l'amusement d'inventer de nouveaux mots.

Première rencontre

Et maintenant, examinons les antidépresseurs en eux-mêmes, indépendamment des promesses véhiculées par leurs noms.

L'emballage – une petite boîte en carton ou un flacon – est d'une sobriété rassurante. Rassurante, car trop de fantaisie serait inquiétante : les antidépresseurs ne sont pas des céréales pour petit déjeuner.

Ouvrons l'emballage.

Que voyons-nous ?

De gélules ou des petits cachets ronds, ovales, ou même triangulaires, de couleur blanche, rouge, orange, bleu ciel, bleu roi, jaune citron ou vert espérance, ayant le même air bonhomme que des bonbons Haribo.

Et comme les bonbons Haribo, ils semblent offrir un peu de réconfort dans ce monde de brutes. Monde où l'homme est un loup pour l'homme – et le loup une espèce protégée pour le berger dont il égorge les brebis, mais ne nous dispersons pas.

Si un petit cachet coloré peut repeindre en rose cet univers qui paraît parfois douloureusement kafkaïen, pourquoi pas ?

Vérifier la composition ?

Quand on fait ses courses dans un supermarché, il n'est pas rare de voir une personne (souvent de sexe féminin) qui étudie attentivement l'étiquette d'un produit avant de le mettre dans son caddie.

Probablement parce que cette cliente n'a pas envie de manger ni de faire manger n'importe quoi, et qu'elle a conscience que ce qu'elle consomme a un impact sur la santé. La sienne et celle de ceux qui lui sont chers. La jolie photo appétissante sur la boîte ne lui inspire pas une confiance sans limites. Ce besoin de vérifier ne choque personne, et aucun responsable du supermarché ne vient faire la morale à la consommatrice incrédule : « Comment ? Vous ne mangez pas les yeux fermés ? Vous ne nous faites pas aveuglément et stupidement confiance ?! Allez, dehors, vous n'êtes pas une bonne cliente ! »

Pourquoi faudrait-il se montrer plus confiant, moins circonspect, avec les antidépresseurs ?

Je vous pose la question.

Un consommateur a toujours intérêt à faire preuve de curiosité. Si ce qu'il avale est toxique, ce n'est pas le fabricant, le vendeur ou le prescripteur qui sera intoxiqué. C'est pourquoi je vous propose de faire pour les antidépresseurs ce que vous faites peut-être déjà pour les petits gâteaux : vérifier la composition.

Ingrédients

Des antidépresseurs, il y en a actuellement des centaines. Impossible d'en faire le tour ici. Concentrons-nous juste sur la molécule active de quelques antidépresseurs, c'est-à-dire sur l'ingrédient qui les rend efficaces. Même si l'antidépresseur que (peut-être) vous prenez actuellement n'est pas dans la liste, cela vous donnera une idée de ce qu'il peut contenir.

Le citalopram

Le citalopram est la molécule active d'antidépresseurs tels que le Seropram, le Citalopram-Mepha, le Citalopram-Sandoz, le Citalopram-Adico.

Cette molécule est formée à partir de fluorophenyl, de

dihydrobenzofuran, de dimethylaminopropyl et de carbonitrile... autant d'ingrédients plus longs à prononcer qu'à avaler. Simplifions : le citalopram est fabriqué à partir de dérivés du fluor, du benzène, du méthane et du carbone.

Le fluor est un ingrédient fort intéressant qui mérite qu'on l'étudie de près ; nous en parlerons tout à l'heure. Pour l'instant, parlons des autres.

Le benzène est un hydrocarbure cancérigène produit lors d'une combustion incomplète, par exemple lors des incendies de forêt. On en trouve aussi dans la fumée de cigarette. C'est un constituant naturel du pétrole brut.

Le méthane est un gaz produit lors de la fermentation de matière organique. On trouve du méthane dans les marais ; dans les gisements de méthane ; dans les pets des vaches victimes d'une alimentation industrielle ; dans les décharges d'ordure.

Quant au carbone, vous le connaissez... Il est à noter que le citalopram contient plus précisément du carbonitrile, un cyanure organique. Les cyanures organiques sont tous extrêmement toxiques.

La miansérine

Après le citalopram, passons à la miansérine.

La miansérine est la molécule active d'antidépresseurs tels que la Miansérine, la Miansérine Almus, l'Athymil.

Comme le citalopram, la miansérine contient des dérivés de la famille du méthane et du benzène. Elle comporte aussi un dérivé de l'azote. À l'état naturel, on trouve de l'azote dans l'urine animale et humaine, dans les excréments secs d'oiseaux et de chauve-souris.

Hum.

Pets de vaches, décharges d'ordure, excréments de chauve-souris... Si la composition des petits gâteaux de notre mère-grand ressemblait un tant soit peu à celle des antidépresseurs, dirions-nous « miam, miam » en les croquant ?

Chacun ses goûts, bien sûr... mais tous les goûts sont-ils

vraiment dans la nature ?

La fluorétine

Passons maintenant àla fluorétine.

Comme le fluorophenyl présent dans le citalopram, la fluorétine est une molécule dérivée du fluor, d'où son nom.

La fluorétine est d'une importance capitale, car elle est l'ingrédient actif de nombreux antidépresseurs tels que le Prozac, le Paxil et le Luvox. Les tranquillisants dits majeurs sont tous à base de fluorétine et leur puissance est calculée en fonction du taux de fluorétine qu'ils renferment.

Simplifions : l'ingrédient principal et efficace d'un bon nombre d'antidépresseurs, c'est le fluor.

Faux ami

Je vois d'ici votre perplexité : le fluor des antidépresseurs est-il le même que le fluor du dentifrice, celui qui renforce l'émail des dents ?

Oui, tout à fait.

Et non, pas du tout.

Le fluor contenu dans les antidépresseurs est bien le même que celui qu'on trouve dans les dentifrices, mais ce fluor-là n'est pas bon pour l'émail des dents. Il est même excessivement mauvais pour les dents.

Ça vous étonne ?

C'est qu'il y a un mystère. Ou plutôt, une tromperie. Une grosse arnaque bien sordide. Un scandale sanitaire aux proportions monumentales.

Lisez la suite, vous allez être effaré...

Mr Fluor

Bizarrement, le fluor a une réputation aussi excellente que sa réalité est détestable. Mais au fait, qu'est-ce que le fluor ?

Le Fluor est un élément gazeux qui appartient à la famille des halogènes. Son teint est jaune-vert. C'est aussi une substance susceptible de perturber certaines fonctions vitales, de léser gravement des structures organiques, et même d'entraîner la mort.

Oui, c'est bien du fluor des dentifrices qu'il s'agit.

D'ailleurs, si vous regardez bien, vous verrez que votre tube de dentifrice porte une inscription en petits caractères :

« En cas d'ingestion accidentelle d'une quantité plus grande que celle nécessaire pour le brossage, demander de l'aide professionnelle ou s'adresser à un centre antipoison immédiatement. »

Vous n'aviez probablement attaché aucune importance à cette mise en garde, mais en cas d'empoisonnement, vous ne pourrez pas dire qu'on ne vous a pas prévenu...

Dans les insecticides et les raticides, il y a du fluor. 0,5 gramme de fluor peut dégommer un homme de 70 kilos ; pour un enfant, il suffit de 0,2 gramme.

Mister Fluor est un poison sobre et efficace.

Un tueur très professionnel.

L'industrie de l'aluminium

À l'état naturel, ce poison mortel est combiné à l'aluminium dans une roche, la cryolite. La cryolite contient à la fois de l'aluminium, du sodium et du fluor. Lorsqu'on isole l'aluminium, on obtient donc un résidu : du fluorure de sodium.

Vous ne voyez pas le rapport avec le dentifrice, et encore moins avec les antidépresseurs ?

Un peu de patience, on y arrive.

L'aluminium a commencé à être exploité en Suisse, en France et aux États-Unis à la fin du dix-neuvième siècle. Très logiquement, la production de déchets fluorés a augmenté en même temps que celle de l'aluminium. Les industriels américains de l'aluminium se sont donc rapidement retrouvés avec d'importants stocks de fluor sur les bras.

Comment se débarrasser de cet encombrant déchet toxique ?

Telle était la question qui se posait à eux avec de plus en plus d'urgence.

Au début, ils déversaient tout simplement le fluor dans les rivières. Mais les poissons encaissaient mal le choc et quand, alertées, les autorités gouvernementales constatèrent qu'ils flottaient le ventre à l'air, l'air très peu vivant, ils interdirent aux industriels de continuer.

Les industriels se retrouvaient à nouveau avec leur poison sur les bras. À court d'idées, ils se tournèrent alors vers un organisme spécialisé dans la recherche de solutions industrielles : le *Mellon Institute* de Pittsburgh.

Au Mellon Institute, les neurones se mirent à chauffer... et c'est finalement un chimiste du nom de Gerald J. Cox qui trouva la solution, qu'il exposa dans un rapport de recherche publié en 1939. Si le docteur Petiot est connu, Cox mérite certainement de l'être lui aussi : c'est le cerveau derrière l'un des empoisonnements les plus massifs jamais réalisés.

Quelle était donc l'idée de Cox ?

Ajouter du fluor aux eaux de consommation, sous prétexte que le fluor jouerait un rôle préventif contre les caries dentaires !

En réalité, le seul effet du fluor sur les dents, c'est qu'il tache et détruit leur émail – ce qui est logique, le fluor abîmant les os et les dents étant des os. Cette destruction de l'émail par le fluor porte d'ailleurs un nom : la fluorose. Du coup, l'adjonction de fluor à l'eau potable multiplie les caries. (Même moi, en écrivant ces lignes, j'ai du mal à y croire : quand la réalité est le contraire de ce qu'elle est censée être, on a toujours du mal à l'accepter.)

Le plan simple et audacieux proposé par Cox parut brillant aux industriels, et ils décidèrent de le suivre. Le fluor avait une mauvaise image auprès du public : ils allaient la changer.

Et c'est ce qu'ils firent.

Après un lobbyisme intense, les industriels réussirent à vendre à un très bon prix leur déchet toxique à différents états des États-Unis. Grâce à des campagnes publicitaires répétées, et malgré l'indignation d'une partie des dentistes et des scientifiques, le fluor acquit petit à petit la réputation qu'il a aujourd'hui : celle d'un allié contre les caries.

L'idée diaboliquement géniale de Cox détermine jusqu'à aujourd'hui la composition de nos dentifrices.

Hitler et Staline

Et les antidépresseurs, dans tout ça ?

Nous y arrivons.

Le fluor ne se contente pas d'abîmer les os, les dents, et d'une manière générale l'organisme ; il altère aussi le fonctionnement du cerveau, ce qui est logique puisque le cerveau fait partie de l'organisme. Quand on ingère régulièrement des petites quantités de fluor, on perd une partie de ses capacités intellectuelles et de sa volonté, ainsi que sa capacité de résister à la domination. Les personnes ainsi intoxiquées se retrouvent beaucoup plus vulnérables à l'emprise de ceux qui veulent les dominer ou les manipuler.

Cette propriété du fluor, des personnes malintentionnées en ont tiré parti. C'est ainsi qu'en Allemagne, au cours du troisième Reich, les usines chimiques I.G. Farben, basées à Francfort, reçurent l'ordre de produire du fluor en quantité. Celui-ci fut ajouté à l'eau potable des prisonniers des stalags. En U.R.S.S. aussi, sous Staline, on a fluoré les réserves d'eau pour contrôler plus facilement les prisonniers des camps.

Comme vous vous en doutez, le but n'était pas de fortifier les dents des prisonniers, ni de soigner leur dépression carcérale, mais bien de les rendre mous, dociles, et un peu crétins.

Vous imaginez ce que cela implique ? Chaque fois que quelqu'un avale un antidépresseur à base de fluor, il avale une (petite) dose de poison mortel, tout en s'imposant à lui-même ce que subissaient bien malgré eux les prisonniers des camps nazis et communistes !

Il est vrai que cette personne ne sait pas ce que contient le cachet qu'elle avale.

Docteur Jeckyll et Mister Hyde

Quand il s'agit des antidépresseurs, traverser les apparences, c'est passer de noms prometteurs et suaves au méthane, au fluor et au carbonitrile, et de petits bonbons multicolores à Hitler et Staline.

Un peu comme si le bon docteur Jeckyll était en même temps l'abominable Mister Hyde... et justement, il l'est. La réponse à notre question du début, nous l'avons donc : les antidépresseurs ne sont pas honnêtes. Leur nom est mélodieux ; ils sont petits et mignons comme des bonbons haribo ; mais derrière ce masque souriant, il y a du raticide.

Et les antidépresseurs nous réservent encore bien d'autres surprises...

À retenir

• Connus, les ingrédients des antidépresseurs couperaient l'appétit aux estomacs les mieux accrochés.
• Beaucoup d'antidépresseurs contiennent du fluor, c'est ce qui les rend efficaces.
• Le fluor est un poison qui abîme tout l'organisme, dents et cerveau compris.
• Certains industriels sont prêts à tous les mensonges pour écouler leurs stocks de déchets toxiques.
• Avant la psychiatrie moderne, Hitler et Staline avaient déjà saisi tout l'intérêt *thérapeutique* du fluor.

Conseils

▶ Si vous prenez un antidépresseur, méditez sur son nom. Le choix de ses syllabes a été sûrement mûrement réfléchi pour susciter des images positives : lesquelles ?
▶ Si vous le pouvez, renseignez-vous sur la composition de votre antidépresseur – mais (comme par hasard) vous trouverez cela étrangement difficile.
▶ Jetez votre dentifrice au fluor ainsi que vos poêles en

téflon : elles en contiennent aussi.

Lectures recommandées

☐ *Fluor : une erreur médicale majeure : comment faire autrement ?* du docteur Bernard Montain.

Les causes d'une efficacité relative

Oublions leur composition peu ragoûtante. Les antidépresseurs permettent-ils du moins de découvrir le liseré d'argent du gros nuage noir ? La petite étoile, ou à défaut le petit ver luisant, dans l'énorme nuit noire ?

Bref, sont-ils efficaces contre la dépression ?

La réponse à cette question est encore une fois oui... et non.

En effet, tout dépend du point de vue que l'on adopte : court terme ou long terme ?

À court terme, les antidépresseurs sont efficaces dans certains cas – mais pas tous, loin de là. Par contre à long terme, les antidépresseurs ne peuvent rien contre la dépression.

Pour comprendre le pourquoi et le comment, il faut se pencher sur leur mode d'action.

Pseudo-mystère

D'après certains promoteurs des antidépresseurs, la manière dont ceux-ci agissent sur le cerveau serait excessivement mystérieuse. Nul ne comprendrait vraiment le mode d'action de ces énigmatiques petits cachets :

« Personne ne sait comment ils fonctionnent exactement. »

« On ne comprend pas encore le mode d'action des antidépresseurs. »

« Le mode d'action des antidépresseurs reste encore très mystérieux... »

« Nul ne sait aujourd'hui pourquoi les antidépresseurs sont efficaces... »

Les lecteurs qui ont cru à cette ignorance affichée, gobé le flan de ce pseudo-mystère, vont découvrir aujourd'hui le secret des coulisses. Car en réalité, l'efficacité (toute relative, j'insiste) des antidépresseurs s'explique par la conjugaison de deux effets bien connus.

L'effet placebo

Primo, l'effet placebo.

Placebo signifie en latin « je plairai ». On appelle « un placebo » une substance sans effet biologique bénéfique propre, comme par exemple une pilule de sucre, lorsque celle-ci s'inscrit dans un contexte bien particulier, celui où l'on fait croire au patient que cette inoffensive pilule est un médicament efficace capable de le soulager, et peut-être même de le guérir.

Mais, me direz-vous peut-être, quel est le but cette imposture ?

On sait depuis longtemps que la foi déplace les montagnes. Elle soigne aussi les organes : lorsqu'un malade a confiance dans son traitement, lorsqu'il anticipe sa guérison, sa santé s'améliore, indépendamment des effets biologiques intrinsèques du traitement en question. Dans ce contexte d'espérance et de confiance, même une miette de pain peut s'avérer bénéfique.

Ces conséquences bénéfiques de l'espérance et de la foi constituent ce qu'on appelle « l'effet placebo ».

Or beaucoup de personnes déprimées sont convaincues que les « médicaments » que leur docteur leur prescrit vont leur remonter le moral et les remettre d'aplomb. Du coup, dès qu'elles en avalent, la confiance qu'elles placent en ces cachets leur fait du bien. En s'imaginant que leurs antidépresseurs vont les soigner, elles se soignent elles-mêmes.

Naturellement, il n'y a pas d'effet placebo pour ceux qui doutent de l'efficacité des antidépresseurs. Et pour ceux qui les pensent dangereux, il y a même un effet nocebo (« je nuirai », en latin). L'autosuggestion marche dans les deux sens : quand une personne est persuadée que ce qu'elle avale est mauvais pour sa santé, ce qu'elle avale nuit effectivement à sa santé.

L'effet pharmacologique

Secundo, l'effet pharmacologique : en plus de l'effet placebo, directement lié à la subjectivité du patient, les antidépresseurs ont un impact objectif sur le cerveau.

Quel genre d'impact ?

Comme vous le savez, je ne souscris pas du tout à l'expression *imbécile heureux*, cependant la manière dont les antidépresseurs agissent contre la dépression met en lumière le lien qu'il peut y avoir entre une réduction de l'intelligence et un allègement de l'anxiété : les antidépresseurs apaisent en abrutissant. Je vous ai dit que le fluor était utilisé dans les camps de prisonniers pour leur ôter toute idée de s'enfuir : les antidépresseurs à base de fluorétine sont efficaces dans la mesure où ils réduisent les capacités intellectuelles et la volonté de ceux qui les absorbent. En rendant un peu plus crétin, un peu plus docile, ils apaisent les angoisses suscitées par la réflexion.

Parmi beaucoup d'autres, voici deux témoignages qui illustrent ce point :

> « J'ai remarqué que les gens autour de moi changent après avoir pris des antidépresseurs pendant quelque temps... En surface, ils ont l'air mieux : ils récupèrent une vie sociale, pleurent moins, etc. Mais, en même temps, ils ont plus de mal à réfléchir, et parfois débloquent complètement. »

> « Depuis que j'ai arrêté les antidépresseurs, il y a quinze jours, j'ai l'impression de revivre. Je ne suis plus un zombi inerte et désintéressé de tout... Les antidépresseurs m'avaient mis les neurones en position off ; je n'arrivais plus à me concentrer sur rien. Même *Derrick* à la télé, c'était juste. »

Il faut savoir que l'effet pharmacologique de beaucoup d'antidépresseurs est comparable à celui de la cocaïne. La cocaïne bloque la recapture de certains neurotransmetteurs, dont la sérotonine, et la plupart des antidépresseurs bloquent la recapture de certains neurotransmetteurs, dont la sérotonine.

Ce rapprochement vous laisse perplexe ?

C'est vrai que cette similitude a quelque chose de troublant... mais passons. Pour l'instant.

Deux effets, ou un ?

Les antidépresseurs sont donc (relativement) efficaces en vertu de deux effets qui se conjuguent :

1/ L'effet placebo, qui dépend entièrement de la subjectivité du patient, et qui peut très s'inverser en effet nocebo si celui-ci ne fait plus confiance aux antidépresseurs ;

2/ L'effet pharmacologique, qui lui ne dépend pas de la subjectivité du patient, et qui est comparable à celui de la cocaïne.

Mais à regarder les choses de plus près, l'effet placebo n'est *pas* l'effet des antidépresseurs. Il est seulement l'effet de l'imagination et de la foi du consommateur d'antidépresseurs ; ceux-ci n'en sont que l'occasion, le prétexte. Le seul effet qui appartienne de plein droit aux antidépresseurs, c'est donc l'effet pharmacologique.

Et c'est cet effet pharmacologique qui explique l'inefficacité des antidépresseurs sur le long terme : si on peut se sentir provisoirement soulagé d'oublier ses souffrances en mettant ses neurones au chômage technique, à long terme cette fuite dans l'abrutissement n'a jamais rendu personne heureux. Même si ça ne nous ravit pas tous les jours, nous, êtres humains, sommes des êtres pensants. Quand nous renonçons à penser, nous renions notre vraie nature et renonçons à être nous-mêmes.

À retenir

• Comme tout autre produit ayant la réputation d'être un médicament, les antidépresseurs ont un effet placebo sur ceux qui croient à leur vertu thérapeutique.

• Les antidépresseurs ont aussi un effet pharmaceutique : ils

---

apaisent en abrutissant.

● Leur mode d'action est comparable à celui de la cocaïne.

● À long terme, ils ne peuvent rien contre la dépression.

Conseils

► Méfiez-vous des spécialistes qui célèbrent les effets miraculeux des antidépresseurs : soit ils mentent, soit ils sont mal informés.

► Si vous souffrez, ne fuyez pas votre souffrance. Elle finirait de toute façon par vous rattraper. En poursuivant votre lecture, vous découvrirez des manières de la gérer, de la transformer, de la transcender et de la dépasser.

Lectures recommandées

☐ *Les antidépresseurs, le grand mensonge*, de **Irving Kirsch.**

☐ *Antidépresseurs : mensonges sur ordonnance* de **Guy Hugnet.**

De la drogue ?

Nous avons vu que les antidépresseurs ont le même genre d'action que la cocaïne. Cette similitude ne peut que susciter la perplexité. Et en effet, beaucoup de gens s'interrogent : les antidépresseurs sont-ils de la drogue ?

Cette question, nous allons y répondre de manière rigoureuse et complète de manière à dissiper toute ambiguïté. Plus d'hésitation agaçante, plus de doute troublant, mais une certitude indestructible, socle stable et rassurant où vous pourrez fonder vos décisions à venir.

Solution de facilité

Premier constat : les raisons qui poussent à consommer des antidépresseurs sont souvent, mais pas toujours, les mêmes que celles qui poussent à fumer un joint. Dans les deux cas, on cherche à calmer rapidement ses angoisses, à échapper vite fait à ses soucis, à retrouver sans tarder un brin de paix intérieure.

On est pressé, impatient : on veut une solution tout de suite.

Et comme il est plus rapide de se faire prendre en charge par une substance chimique que mettre de l'ordre dans sa vie... Plus instantané de fuir ses problèmes que d'attaquer son mal-être à la racine... Plus expéditif de modifier son humeur à l'aide de substances toxiques que de la modifier à l'aide de son libre arbitre... on choisit la première option.

Celle qui est rapide.

Celle qui ne coûte rien.

Je veux dire : celle qui ne coûte rien au niveau intellectuel et émotionnel. Celle qui ne demande aucune introspection, aucune remise en question. Car à un autre niveau, il y a bien un prix à payer, comme vous allez le découvrir...

Faire confiance à un fournisseur – trafiquant ou médecin – pour renifler une ligne de coke ou avaler un cachet avec un verre d'eau trois fois par jour avant les repas peut se faire sans réexamen et remaniement de ses habitudes.

Bref, antidépresseurs et drogues illicites constituent souvent ce qu'on appelle « une solution de facilité ». C'est là un premier point commun.

Lune de miel

Et dans certains cas – mais pas tous, loin de là, comme on le verra bientôt – la solution de facilité semble bien être une *solution*... au début.

Beaucoup de consommateurs témoignent des effets positifs des antidépresseurs ; beaucoup de consommateurs témoignent des effets positifs des drogues illicites. Ce qui fait un second point commun entre les antidépresseurs et le haschisch, l'héroïne, l'extasy, etc.

Voici quelques témoignages sur la cocaïne mis en regard avec quelques témoignages sur les antidépresseurs. On retrouve le même enthousiasme des deux côtés :

Témoignages positifs sur la cocaïne	Témoignages positifs sur les antidépresseurs
« La cocaïne, ça facilite beaucoup le dialogue ; j'ai constaté qu'elle m'ouvre l'esprit. »	« Je prends des antidépresseurs depuis deux mois... Je n'ai plus d'angoisses, c'est super ! »
« Avec la cocaïne, je me sens Superman. Et le sexe sous cocaïne n'est pas banal ! »	« Je prends des antidépresseurs et ils m'ont aidé à mieux fonctionner dans ma vie quotidienne, tant au travail qu'à la maison. »
« On ne parle jamais des bons côtés de la coke. Je connais plein de gens qui en prennent trois soirs	« J'ai commencé un traitement par antidépresseurs pour anxiété

par semaine, et qui se lèvent et vont au travail tous les jours sans problème ! »	chronique et dépression légère. J'ai pris la bonne décision. Au bout d'un mois, je sens déjà une immense différence ; je peux enfin souffler un peu... »

Vous êtes trop intelligent pour que j'aie besoin de vous dire que je ne recommande *pas* la cocaïne – ni d'ailleurs les antidépresseurs. Ces témoignages reflètent les illusions du début, des illusions que le temps dissipe infailliblement.

Descente aux Enfers

Car le temps passe, et petit à petit, la pseudo-solution perd de son lustre ; sa vraie nature devient de plus en plus visible, jusqu'à ce qu'on ne voie plus qu'elle. Un beau jour, le consommateur d'antidépresseurs ou de drogue prend conscience qu'il n'a plus un problème, comme au tout début, mais *deux* problèmes.

Son problème initial a réapparu, et voilà qu'un nouveau problème a poussé dessus comme un champignon vénéneux sur une souche de chêne pourrie :

> « J'avais accepté ce traitement d'antidépresseurs croyant que cela m'aiderait à sortir de ma dépression, et je me suis retrouvé avec un double problème. On ne m'avait pas dit que ces pilules miracles pouvaient causer une telle dépendance... »

La lune de miel est terminée, les illusions se dissipent : la harpie que le consommateur a épousée lui révèle son vrai visage et lui fait sentir l'emprise de ses griffes. Il se croyait libre, il s'aperçoit qu'il est en prison. Une prison dont les murs se resserrent sans cesse. Car avec le temps, la « béquille » s'est changée en fauteuil roulant, transformant du même coup l'imprudent qui y a eu recours en prisonnier et en infirme, et le « petit coup de pouce » a poussé d'autres doigts, pour devenir en fin de compte une main qui étrangle celui qui en a bénéficié.

Pris parmi une infinité d'autres, voici quelques témoignages qui permettent de mesurer la gravité du problème :

« Une saleté. J'en avalais cinq à six par jour, pas moins ! À la fin je ne savais même plus pourquoi je prenais ce truc... Mon psychisme le réclamait, comme un toxicomane réclame sa drogue. »

« J'ai un traitement depuis plusieurs années, et si je ne prends pas ces foutus comprimés ne serait-ce que pendant deux jours, je cours à la catastrophe ! L'état de manque est tel, que l'on dirait un toxicomane qui n'a pas eu sa dose. »

« Ma consommation d'antidépresseurs m'avait rendue insidieusement dépendante. J'augmentais la dose jour après jour. Je marchais comme si j'étais ivre ; j'avais une tête de morte-vivante… J'étais complètement droguée. Et le pire, c'est que je ne m'en rendais pas compte. Si j'avais pris des antidépresseurs, c'est parce que je ne me sentais pas bien ; j'ai cru qu'avec les médicaments, j'allais échapper à cette vie désastreuse, si sombre. Mais ça n'a fait qu'empirer ma dépression. Je pleurais encore plus qu'avant et en plus, j'étais devenue agressive... »

« J'ai dix-huit ans et je prends des antidépresseurs depuis que j'ai quinze ans. À seize ans, j'ai fait une tentative de sevrage. Résultat : hallucinations visuelles, auditives, gustatives, angoisses, étourdissements, insomnies, suées, peur de manger due aux hallucinations gustatives (je croyais que j'allais avaler ma langue), impression de vivre en dehors de mon corps… Le bruit et la foule étaient devenus insupportables ; tout s'amplifiait. Puis j'ai recommencé à en prendre en cachette, car j'étais tout le temps angoissée... Cet été j'ai essayé d'arrêter, mais impossible. Alors tous les jours je prends ma dose comme une droguée. Je suis dépendante d'un cacheton minuscule par rapport à moi. Ce cachet dicte ma vie, il la dirige. »

Au bout du compte, la route de la facilité ne conduit pas au septième ciel.

Elle conduit au septième sous-sol.

Il n'est pas plus drôle d'être alcoolique ou cocaïnomane que pharmacodépendant (le terme officiel pour « drogué aux antidépresseurs ») et une overdose d'antidépresseurs tue aussi bien qu'une overdose d'extasy.

Allen France, psychiatre respecté, l'a fort bien dit :

> « Les produits qui sortent des laboratoires pharmaceutiques peuvent s'avérer tout aussi dévastateurs que ceux qui proviennent des cartels de la drogue. »[1]

Au même titre que les drogues illicites, les antidépresseurs constituent un *gros* problème. Commencer à en prendre, c'est descendre la première marche d'un escalier qui mène en Enfer.

Ce qui leur fait encore un point commun avec les drogues illicites.

Un aveuglement persistant

J'ai dit qu'au bout d'un certain temps, le consommateur d'antidépresseurs prend conscience que son « médicament » est un problème. En fait, ce n'est pas toujours le cas. Certains patients ne cessent jamais d'idéaliser les cachets qu'ils avalent.

Parce qu'ils ont une foi aveugle dans leur prescripteur, parce qu'ils ont besoin de se rassurer sur le choix qu'ils ont fait et qu'ils continuent à faire, et parce que les antidépresseurs altèrent leurs capacités de raisonnement, ils continuent à croire que leur antidépresseur les « sauve ».

Ce qui fait encore un point commun avec les drogues illicites, qui elles aussi sont parfois aimées en dépit de tout par ceux qu'elles détruisent : beaucoup de fumeurs à la toux inquiétante s'accrochent à leur cigarette comme à une amie fidèle, et beaucoup d'alcooliques dont la vie a été détruite par l'alcool continuent à idéaliser leur bouteille chérie.

Nous avons vu les principaux points communs entre les antidépresseurs et les drogues illicites ; examinons maintenant leurs différences.

---

1 *Sommes-nous tous des malades mentaux ?*

Les inconvénients sans les avantages

Rares sont ceux qui picolent, fument ou sniffent en détestant ça – il y a toujours un minimum de bénéfices, au moins au début. Les consommateurs des drogues reconnues comme telles y ont recours pour le plaisir et l'oubli qu'elles leur procurent.

Or dans certains cas, et même dans bien des cas, les antidépresseurs n'ont même pas cet agréable effet-là !

Pas de lune de miel. Pas d'illusion. Pas de plaisir fugitif. Pas de mieux éphémère et trompeur. Dès les premiers jours, le « médicament » est insupportable :

> « J'en prends seulement depuis deux jours, mais l'effet de cet antidépresseur me terrifie. Les pupilles dilatées, des nuits atroces à ne pas fermer l'œil, des journées nauséeuses durant lesquelles fixer mon attention sur quoi que ce soit me paraît impossible... »

> « Je prends un antidépresseur depuis maintenant quinze jours, et côté effets secondaires je suis servi : pertes d'équilibre, fatigue continuelle, pertes de mémoire (je suis tout le temps en train de chercher mes mots). Le pire, c'est au niveau de la libido : plus moyen d'avoir d'éjaculation. »

> « Je suis sous antidépresseur depuis un mois. Je n'en peux plus de ce médicament, je passe mes journées à pleurer, je me sens pire qu'avant où j'avais au moins des moments de répit. De plus, je prends très mal le fait de prendre des pilules, il m'arrive de pleurer en les avalant. J'aimerais savoir comment l'arrêter, mais je ne peux pas en parler avec mon médecin qui voudrait me garder là-dedans pendant un an... Je n'y survivrai pas. »

Pourquoi cette différence ?

Qu'est-ce qui explique que, dans bien des cas, les antidépresseurs n'ont que des effets négatifs, à la différence des autres drogues, qui elles offrent du moins un soulagement provisoire ?

La première raison, c'est que les antidépresseurs sont trop nocifs pour que leurs effets néfastes se fassent attendre longtemps. Ces « médicaments » sont en effet des produits particulièrement toxiques, plus proches de la mort-aux-rats (nous avons vu qu'ils en contiennent) que du champagne – ceci dit sans minimiser les dégâts causés par l'alcool.

La seconde raison, complémentaire de la première, c'est que la prise d'antidépresseurs n'est pas toujours vécue comme un choix libre.

Le médecin est parfois lourdement insistant. Il force parfois la main de son patient en lui donnant l'impression qu'il n'a pas le choix, qu'il doit à tout prix se « soigner » sous peine de voir son état se dégrader à toute allure. Le patient se sent acculé ; prendre des antidépresseurs n'est pas vraiment sa décision à lui.

Or que se passe-t-il quand on fait quelque chose en renâclant, sans le vouloir vraiment ?

Généralement, rien de bon.

Formulées ou non, les réticences du patient l'empêchent de « profiter » des effets « positifs » des cachets... Ce qui au fond est une chance pour lui, car les effets dits positifs n'auraient duré que le temps nécessaire pour le rendre dépendant !

De même, on peut supposer que quelqu'un que l'on forcerait à boire de l'alcool contre son gré récolterait une gueule de bois sans avoir joui auparavant d'une agréable ivresse. Personne ne trouve grand plaisir à ce qu'on lui impose... Notre liberté nous est – à juste titre – trop précieuse pour cela.

En tous les cas, le fait est là : dans de nombreux cas les antidépresseurs ont tous les inconvénients des autres drogues, sans avoir aucun de leurs pseudo-avantages.

Plus que légal

La deuxième grande différence entre la cigarette, le cannabis, l'extasy, le LSD, etc., d'une part, et les antidépresseurs d'autre part, c'est leur statut légal.

La consommation des uns est tolérée à contrecœur ou carrément interdite, tandis que la consommation des seconds est non seulement légale, mais conseillée, encouragée et prescrite : à la différence des cigarettes et de l'alcool, les antidépresseurs sont prescrits par la plupart des médecins et remboursés par la sécurité sociale. Entre les antidépresseurs et les drogues illégales, il y a le même le genre de fossé qu'entre les députés et les sans-papiers.

Parce que les antidépresseurs ont une légitimité sociale que les drogues illégales n'ont pas, la manière dont y pensent ceux qui les consomment diffère.

Autant un drogué ordinaire (drogué à une drogue illégale) sait qu'il se drogue, sait qu'il fuit ses problèmes dans un paradis artificiel, sait que sa consommation de drogue n'est pas vue d'un bon œil par la société, autant le consommateur d'antidépresseurs se sent plus ou moins dans son bon droit. En d'autres termes, il est beaucoup plus facile d'assumer ses antidépresseurs que sa cocaïne ou son crack.

Dans la mesure où les antidépresseurs sont censés être des médicaments, leurs consommateurs peuvent raconter aux autres, et se raconter à eux-mêmes, qu'en prenant des cachets ils ne cèdent pas à la facilité. Voici par exemple ce que prétend le journaliste et auteur Andrew Solomon, grand consommateur d'antidépresseurs devant l'Éternel :

> « Prendre des médicaments est une façon de se battre farouchement. Ce n'est pas une faiblesse que de prendre des médicaments. C'est au contraire une preuve de courage. »

Et pour prouver que c'est du courage, Solomon met en avant tous les effets dits secondaires entraînés par la prise d'antidépresseurs. Ces inconvénients sont très réels, mais ce sont les mêmes qu'entraîne la consommation de drogue illégale. Récolter les conséquences de ses mauvais choix n'est pas une preuve de courage.

L'erreur des médecins

La troisième grande différence entre les antidépresseurs et les autres drogues c'est que les médecins n'interprètent pas du tout, mais alors pas du tout, leurs effets de la même manière.

Un toxicomane pâlichon, maigrichon et souffreteux rend visite à son docteur : celui-ci fait tout de suite le lien entre la toxicomanie de son patient et son délabrement physique. Mais singulièrement ou pas, face aux conséquences des antidépresseurs les médecins sont nettement moins lucides. Si peu lucides, qu'ils prennent souvent les effets négatifs des antidépresseurs qu'ils ont eux-mêmes prescrits pour les symptômes de la « maladie » qu'ils essaient de soigner.

D'après eux, c'est encore la dépression/schizophrénie/etc., qui fait des siennes... La solution qu'ils proposent est donc d'augmenter les doses. Ce qui est logique : quand les effets paradoxaux des antidépresseurs passent pour les symptômes de la maladie qu'ils ont pour mission de soulager, on les soigne en les aggravant.

C'est le même genre de quiproquo qui, au dix-septième siècle, conduisait les médecins à « soigner » leurs malades exsangues par des saignées supplémentaires. Lorsque l'un d'eux ne survivait pas à ce traitement radical, les médecins ne comprenaient pas qu'ils l'avaient vidé de son sang, littéralement saigné à blanc. La conscience en paix, ils se disaient qu'ils n'avaient pas pu le sauver parce que son cas était désespéré.

Voici comment, de nos jours, les choses se passent :

1/ Un médecin prescrit par exemple des benzodiazépines à son patient anxieux.

2/ Puis, il observe l'accroissement de son anxiété, l'aggravation de son insomnie, l'émergence d'une dépression.

3/ Le médecin en conclut qu'il faut augmenter la dose. Il change de benzodiazépine, ajoute un autre antidépresseur, fait une mixture de tout ça.

4/ Trois ans plus tard le patient souffre d'une gastro-entérite, d'une dépression, d'une spondylarthrite pour les maux de dos, d'une psychose puisqu'il a des hallucinations, etc.

En réalité le patient n'a rien de tout cela ; il est juste *malade de son traitement*.

Beaucoup de patients se retrouvent ainsi victimes de l'aveuglement de leur docteur, en même temps que de leur propre confiance dépourvue d'esprit critique dans la médecine. Le jour où ils prennent conscience qu'ils ont été dupés, le réveil est dur :

« On m'a prescrit des antidépresseurs pendant presque vingt ans.

31

Mon état a petit à petit empiré et je me suis retrouvé en invalidité. J'ai arrêté les antidépresseurs parce qu'ils n'avaient plus aucun effet. Chaque médicament me soulageait pendant six mois maximum, puis il fallait augmenter l'effet avec un autre, et un autre, et un autre... Pendant des années, j'ai pris des cocktails de six ou sept antidépresseurs. Avec le temps, ils se sont mis à causer les symptômes qu'ils étaient censés combattre. Oui, les médicaments sont efficaces à court terme. Mais à long terme, j'ai réalisé que j'ai gâché la plus grande partie de mon existence à chercher un « traitement » alors que j'aurais pu vivre. C'est très triste et très perturbant. »

Très triste et très perturbant, en effet. Le témoignage suivant montre bien comment on peut se faire happer par la spirale infernale :

« Mon médecin généraliste m'a mis sous antidépresseur en 1996 pour m'aider à surmonter le chagrin d'une rupture. Après quelques semaines de traitement, j'ai commencé à avoir des étourdissements et des nausées tous les matins. Mon médecin a diagnostiqué un vertige de Ménière (une maladie de l'oreille interne) et m'a convaincu de me faire opérer pour corriger le problème. Après l'opération, le chirurgien a dit à mon mari qu'il n'avait rien vu d'anormal dans mon oreille. Mais l'ORL a quand même pensé que l'antidépresseur que je prenais soulageait les symptômes du vertige de Ménière, et j'ai donc continué à prendre cet antidépresseur pendant sept ans, persuadée que je soignais une maladie qu'en réalité je n'avais pas. Pendant ce temps, mon médecin généraliste augmentait les doses, car ma dépression empirait. J'ai commencé à faire des crises de panique et de l'hypomanie. Je suis allée voir un psychiatre qui m'a diagnostiqué un trouble panique et une cyclothymie (un genre de trouble bipolaire) et prescrit des Benzodiazépines et des stabilisateurs de l'humeur. Il m'a dit que je souffrais d'une grave maladie mentale et que je devrais prendre des médicaments tout le reste de ma vie. Plusieurs années après, je suis tombée sur un site où les internautes parlaient des effets que les antidépresseurs avaient eus sur eux, et j'ai eu un choc en réalisant que mon antidépresseur pouvait bien être mon problème. Je me suis sevrée de tous mes médicaments l'un après l'autre sous la surveillance de mon psychiatre, et devinez quoi ? Je n'ai plus fait de crises de panique. J'ai cessé d'être hypomaniaque. Les vertiges et les nausées ont disparu. Je n'avais jamais eu le vertige de Ménière, et je ne souffrais pas d'une grave maladie mentale. C'était mon antidépresseur qui me rendait malade. »

Heureusement qu'Internet existe. Sans cette source d'informations et d'échanges, à l'heure qu'il est l'auteure de ce témoignage serait probablement internée à l'hôpital psychiatrique, considérée comme incurable, et vouée à une existence sinistre et une mort prématurée.

À retenir

● Comme les drogues illicites, les antidépresseurs constituent une solution de facilité aux problèmes existentiels. Solution de facilité qui, avec le temps, se change en problème.

● À la différence des drogues illicites, la consommation des antidépresseurs est encouragée par le corps médical. On peut donc se raconter plus facilement qu'en prendre est un bon choix.

● Parfois et même souvent, les médecins se trompent et interprètent les effets des antidépresseurs comme les symptômes des « maladies mentales » que les antidépresseurs sont censés soigner. Et ce sont les patients qui trinquent.

Conseils

▶ Si vous prenez des antidépresseurs et que vous vous demandez si c'est un choix courageux, faites un test : demandez-vous si vous pourriez proclamer à la face du monde que vous prenez des antidépresseurs et en être réellement fier. Si la réponse – la réponse honnête, débarrassée de tout faux-semblant – est "oui", alors c'est certainement du courage ; si la réponse est "non", alors ce n'est certainement pas du courage.

Vous n'avez ressenti aucune fierté ?

L'idée d'une faiblesse, d'une lâcheté ou d'un échec vous est venue à l'esprit ?

Ce n'est pas parce qu'un lobby cherche à discréditer les antidépresseurs ; au contraire, leurs promoteurs font tout ce qu'ils peuvent pour donner d'eux une bonne image. C'est tout

---

simplement parce que la logique et l'intuition vous indiquent que ce choix-là est un choix indigne.

▶ Demandez-vous si votre vie était pire ou meilleure quand vous ne preniez pas d'antidépresseurs. Demandez aussi à vos proches s'ils vous trouvent changé pour le mieux ou pour le pire depuis que vous en prenez.

Un peu d'Histoire

À ce stade, la conclusion la plus logique semble être que les antidépresseurs sont à ranger dans la catégorie « drogues ».

Mais si on conçoit sans problème qu'un individu louche qui rase les murs et propose aux passants « un peu de beuh » soit un revendeur de drogue, il est nettement plus difficile d'accepter l'idée que des médecins – qui ont prononcé le serment d'Hippocrate – fassent le même genre de sale boulot.

Comment imaginer que la vérité soit non seulement différente, mais opposée, à ce que les experts racontent ?

La situation réelle est si éloignée de ce qu'elle est censée être qu'elle en devient presque impensable.

Alors, drogue ou pas drogue ?

Pour arriver à une certitude, je vous propose de remonter un peu le fleuve du temps... la connaissance du passé apporte toujours un précieux éclairage sur le présent.

Sigmund soigne sa phobie sociale

En 1886, Sigmund était un jeune homme plein d'avenir, mais un peu timide.

Aux brillantes soirées mondaines de l'illustre docteur Charcot, le jeune Sigmund ne faisait pas aussi bonne impression qu'il l'aurait souhaité. Il avait souvent les mains moites et ne trouvait pas toujours le mot juste… il manquait d'assurance.

Heureusement un médicament nouveau, hyperefficace contre la phobie sociale – qui ne portait pas encore ce nom – vint délier la langue de Sigmund et lui apporter cette précieuse confiance en soi sans laquelle on n'arrive pas à grand-chose dans la vie.

Par la suite, Sigmund devint plus célèbre et plus respecté

encore que le docteur Charcot... Une vraie célébrité.

Un problème, une solution chimique, et un timide qui prend sa revanche sur la vie : si on reste là, c'est le genre d'histoire dont l'industrie pharmaceutique raffole.

Mais l'histoire ne s'arrête pas là. Il y a une suite.

Il faut que vous sachiez que Sigmund était lui-même docteur. Il prescrit donc à ses patients, et en particulier à ses patients anxieux et dépressifs, le même médicament qui lui réussissait si bien. Ceux-ci ressentirent eux aussi ses effets bienfaisants et lui en redemandèrent. Devant un tel succès, Sigmund encouragea vivement d'autres médecins à prescrire ce médicament miracle à leurs propres patients déprimés.

Or le temps passant, il s'avéra que le médicament miracle présentait quelques inconvénients. Tels, que plusieurs patients du docteur Sigmund n'y survécurent pas : le remède miraculeux les tua.

Voulez-vous savoir quel était ce puissant antidépresseur, ce médicament si redoutablement efficace que Sigmund avait découvert et qu'il popularisa ?

C'était la cocaïne.

Dans un chapitre ultérieur, vous découvrirez que le docteur Sigmund Freud avait, en plus de la cocaïne, d'autres habitudes encore moins innocentes. Mais pour l'instant, revenons à l'histoire des antidépresseurs.

Enfin et encore

Quand les chercheurs eurent pris conscience des défauts rédhibitoires de la cocaïne, ils passèrent à autre chose, sans se décourager, avec un optimisme renouvelé...

Après des années de labeur intense, à l'aube du vingtième siècle, c'est la victoire ! Les chercheurs ont enfin découvert un remède efficace et sans effets secondaires contre la dépression et l'anxiété !

Cependant, après quelques années, on s'aperçut que les barbituriques (le remède miraculeux en question) présentaient des inconvénients, comme la cocaïne. Les chercheurs passèrent donc à autre chose, sans se décourager, avec un optimisme renouvelé...

Et voilà que, après des années de labeur intense, dans les années 1930, c'est la *vraie* victoire ! Le succès ! Oui, cette fois-ci, ça y est : les chercheurs ont réellement découvert un remède efficace et sans effets secondaires contre la dépression !

Cependant, après quelques années, on s'aperçut que les amphétamines, puisque tel était le nom du médicament miracle, présentaient des inconvénients, comme la cocaïne et les barbituriques. Les chercheurs passèrent donc à autre chose, sans se décourager, avec un optimisme renouvelé...

Vous avez une impression de déjà vu ?

Effectivement l'Histoire patine.

Elle se répète comme un train qui en cache un autre qui en cache un autre qui en cache un autre. Et dans le soir mauve, les vaches les regardent passer tandis que les voyageurs stressés prennent leurs petits cachets sans les regarder de près... Et pendant ce temps la vie passe aussi, qu'on la regarde ou qu'on l'oublie. Mais revenons à notre sujet.

En 1943, bingo : cette fois-ci, c'est la bonne. Oui, cette fois-ci les chercheurs ont enfin découvert un remède efficace et sans effets secondaires contre la dépression !

Ou du moins, contre la schizophrénie, les comportements criminels, l'alcoolisme et les perversions sexuelles, ce qui fait déjà beaucoup.

Cependant, après quelques années, on s'aperçut que le LSD présentait des inconvénients, comme la cocaïne, les barbituriques et les amphétamines. Les chercheurs passèrent donc à autre chose, sans se décourager, avec un optimisme renouvelé...

Dans les années 1950, après des années d'incessant labeur, les chercheurs firent enfin une découverte majeure ! Une découverte qui devait donner de l'espoir à des millions de déprimés de par le monde !

Cette fois-ci, ils avaient enfin réellement et vraiment découvert un remède efficace et sans effets secondaires contre la dépression, à utiliser en complément d'une psychothérapie.

Cependant, après quelques années, on s'aperçut que l'extasy présentait, comme la cocaïne, les barbituriques, les amphétamines et le LSD, des inconvénients... Les chercheurs passèrent donc à autre chose, sans se décourager, avec un optimisme renouvelé...

Encore un tour de manège. J'ai le mal de mer. Où est le bouton « stop » ?

Un étonnement étonnant

De nos jours comme aux époques précédentes, tous les antidépresseurs qui ont été découverts il y a plus de trente ans se voient relégués parmi les drogues illégales et hautement toxiques.

De nos jours comme aux époques précédentes, on vit une époque formidable, puisqu'on vient juste de découvrir, ou on est sur le point de découvrir, un médicament efficace et sans effet secondaire notable contre la dépression...

Quelle chance ! Quel privilège !

Avant-hier c'était la cocaïne ; hier c'était l'extasy ; aujourd'hui ce sont les ISRS (antidépresseurs inhibiteurs spécifiques de la recapture de la sérotonine).

Et demain ?

Récemment, des chercheurs ont inventé un nouveau médicament qui augmente le taux d'endocannabinoides (le « cannabis du cerveau ») et produit ainsi des effets antidépresseurs. Selon eux, ce médicament, appelé URB597, pourrait ouvrir la voie à des « traitements nouveaux et améliorés de la dépression ».

D'ici quelque temps, on s'apercevra avec stupeur, avec stupéfaction, que si le URB597 agit sur le cerveau à la manière du cannabis, c'est qu'il est une drogue comme le cannabis – une drogue qui rend tout aussi dépendant, et qui présente autant d'effets néfastes. Mais pour URB597, on en est encore à la période initiale, celle où l'on se fait des illusions.

Chaque fois, les chercheurs sont très fiers de découvrir un produit qui, à la différence de tous ceux qui l'ont précédé, n'est pas une drogue dangereuse, mais un médicament miracle débarrassant les patients de tous leurs problèmes existentiels, sans effets secondaires.

Et chaque fois, leur précieuse découverte s'avère un poison de plus. La seule chose qui change d'une molécule à l'autre, c'est la liste de leurs conséquences désastreuses. Par exemple les amphétamines déclenchent des psychoses, tandis que le LSD est à l'origine d'hallucinations, de paniques et de tares congénitales.

Comment les chercheurs parviennent-ils à être encore étonnés quand leur dernière trouvaille montre son côté sombre ?

Cet étonnement est étonnant.

Financés par les laboratoires pharmaceutiques, les chercheurs ne peuvent pas ou ne veulent pas comprendre que ce qui a exactement les mêmes effets qu'une drogue est une drogue, de même que ce qui a la couleur du chameau, les deux bosses du chameau, et qui blatère en trottinant dans le désert comme un chameau, est généralement un chameau.

Pas un pingouin.

Pas un médicament.

Et parce qu'ils ne veulent pas comprendre, ces chercheurs obstinés persévèrent dans leur voie, léguant à l'humanité des drogues plus toxiques les unes que les autres, fruits empoisonnés de leurs recherches contre la dépression et les autres maladies mentales.

Shoot, ou automédication ?

Ainsi l'histoire des antidépresseurs, et de la découverte de nouveaux antidépresseurs, se superpose presque exactement à l'histoire des drogues, et de la mise au point de nouvelles drogues.

Les deux se recoupent tellement, qu'on peut même être saisi d'un doute : y a-t-il vraiment deux histoires… ou une seule ?

Si c'est le cas, le drogué qui se pique dans un coin de parking n'est pas ce qu'il a l'air d'être, c'est-à-dire une pauvre épave ; c'est plutôt un déprimé qui n'a pas trouvé de psychiatre pour l'aider, et qui en est donc réduit à l'automédication. Malgré les apparences, il n'est pas en train de se droguer, mais bien de se soigner.

Cette interprétation des faits est confirmée par une petite interview du drogué en question : il dit qu'il n'aime pas sa vie, qu'il est malheureux, et qu'il se drogue pour se sentir un petit peu mieux, ou du moins un petit peu moins mal, même si ça ne résout pas ses problèmes... la même situation qu'un déprimé allant chez son médecin pour faire renouveler son ordonnance.

Mais on peut aussi voir les choses dans l'autre sens : si l'histoire des antidépresseurs se confond avec celle des drogues, le déprimé qui se rend chez son médecin pour faire renouveler son ordonnance n'est pas vraiment ce qu'il a l'air d'être, et son médecin non plus. Ce patient terrassé par la maladie est en réalité un toxico. Quand un dépressif avale son médicament, un drogué prend sa dose. Et le pire, c'est que bien souvent il ne le sait pas ; il croit vraiment qu'il se soigne.

Quant à ce praticien qui remplit son ordonnance, sous son vernis de respectabilité c'est tout bonnement un trafiquant de came.

À retenir

- Le docteur Sigmund Freud, qui était cocaïnomane lui-même, a prescrit de la cocaïne à ses patients déprimés et vivement incité ses collègues à faire de même. Il est ainsi à l'origine de nombreux décès.
- Amphétamine, barbituriques, LSD, extasy... La recherche de nouveaux antidépresseurs se solde régulièrement par la création de nouvelles drogues.
- Un docteur qui prescrit des antidépresseurs à son patient dépressif est moins différent qu'il en a l'air d'un revendeur qui fournit de la drogue à son client toxico.

Conseil

▶ Si vous n'êtes pas encore sûr de vouloir arrêter les antidépresseurs, ce n'est pas un problème. Poursuivez

---

seulement votre lecture : vous y trouverez de quoi accroître
votre motivation.

Des effets désastreux

Selon que l'on considère les antidépresseurs comme des médicaments (le dogme officiel) ou comme de la drogue (la triste réalité), on ne qualifiera pas leurs effets de la même manière.

Dans le premier cas, on parlera d'effets *paradoxaux*. Un effet paradoxal est un effet inattendu et étonnant qui entre en contradiction avec les attentes raisonnables de la majorité des gens.

La population s'attend en effet à ce qu'un antidépresseur annule ou du moins minimise la dépression – pas qu'il l'aggrave. Elle s'attend à ce qu'un anxiolytique apaise les angoisses – pas qu'il déclenche des crises de panique. Elle s'attend à ce que les médicaments prescrits aux « malades mentaux » les aident à retrouver leur santé mentale – pas qu'ils leur fassent perdre la raison.

Dans le deuxième cas, c'est-à-dire lorsqu'on admet que les antidépresseurs sont des poisons éminemment toxiques du genre drogue, on qualifiera leurs effets d'*inévitables et logiques*.

Mais dans les deux cas, on est bien obligé de reconnaître que les effets des antidépresseurs sont *désastreux*.

Dans ce chapitre, j'ai sélectionné un petit échantillon qui vous donnera une idée des autres. Vous ne les connaissez pas, car lorsqu'il s'agit de prévenir leurs patients de ce qu'ils risquent en suivant leurs prescriptions, les médecins perdent leur verve ; les plus bavards n'ont rien à dire. Pourtant, il y aurait de quoi...

Fluorose

Nous savons déjà que la forme de fluor utilisée dans les antidépresseurs est particulièrement toxique, même à toutes petites doses.

Ce qui rend la situation particulièrement inquiétante, c'est que les antidépresseurs ne sont pas la seule source d'intoxication au fluor : dans la vie courante, nous consommons sans le savoir du fluor sous de nombreuses formes.

Il y a en effet du fluor dans les dentifrices au fluor, dans beaucoup d'ustensiles de cuisine, dans les antibiotiques, dans l'eau du robinet, dans les gaz d'échappement, dans les pesticides...

Que se passe-t-il quand on avale régulièrement de la mort-aux-rats ?

Rien de vraiment folichon, vous vous en doutez.

Une intoxication au fluor, ou fluorose, peut se manifester par une hypothyroïdie, un affaiblissement du système immunitaire, de la fatigue chronique, une dépression, des maux de tête, des raideurs dans le cou, des cystites interstitielles, des pertes de cheveux, des troubles digestifs, des intolérances aux produits chimiques, des tendinites du poignet, des troubles musculo-squelettiques, des spasmes musculaires, des douleurs articulaires généralisées comparables à celles causées par l'arthrite, des difficultés à réfléchir, des douleurs musculaires et des raideurs, une sensibilité à la lumière et des problèmes de vision, des problèmes de sommeil et des insomnies, des engourdissements, commençant souvent dans les extrémités, des articulations qui craquent, un prolapsus de la valve mitrale, des acouphènes, des douleurs aux reins, des douleurs dans la colonne vertébrale, etc.

Fibromyalgie

Sans transition, changeons de sujet. (En réalité, c'est le même pris par un autre bout, mais pour l'instant vous n'êtes pas sensé le savoir.)

La fibromyalgie, maladie moderne dont nos robustes ancêtres ne souffraient pas, est définie comme un « syndrome caractérisé par des douleurs musculaires chroniques et un sommeil non réparateur ».

La médecine officielle n'a aucun traitement contre la fibromyalgie et ne connaît pas son origine. Ils ne lui connaissent aucune cause, seulement quelques facteurs aggravants tels que les soucis, le manque de sommeil, une alimentation insuffisante...

Mais comme souvent, cette ignorance officielle et affichée est moins compacte qu'elle n'en a l'air. En d'autres termes, ce que les médecins disent ne pas savoir, d'autres – qui ne sont pas forcément médecins – le savent et nous en informent.

Ainsi le site earthclinic.com démontre d'une manière très convaincante que l'absorption de fluor est souvent à l'origine de la fibromyalgie, et le site esculape.com confirme :

> « Nous avons pu observer une fibromyalgie déclenchée par la prise de fluor s'améliorer rapidement après l'arrêt du traitement. »

Et maintenant, je vous demande de bien suivre le raisonnement. Puisque la fibromyalgie est un autre nom (plus ésotérique) pour la fluorose, la prise d'antidépresseurs contenant du fluor doit en toute logique causer ou aggraver la fibromyalgie, n'est-ce pas ?

Avec un schéma ça sera plus clair :

Prise de fluor → Fluorose
Fluorose = Fibromyalgie
Prise d'antidépresseurs contenant du fluor →
Fibromyalgie

Effectivement, c'est ce qui se passe. Lisez ces deux témoignages :

> « J'ai souffert de fibromyalgie, de rosacée et d'inflammation à la mâchoire (dysfonctionnement temporo-mandibulaire) pendant plus de dix ans... Mes premiers symptômes ont apparu peu après que j'ai commencé à prendre du Paxil. »

> « Les antidépresseurs n'ont fait qu'aggraver ma fibromyalgie. En février dernier, j'ai été hospitalisée une nouvelle fois, ne supportant plus ces douleurs continuelles et la fatigue constante. J'ai reçu sous perfusion un nouveau traitement – encore un antidépresseur. Je l'ai pris pendant trois semaines, mon état allait

de pire en pire. Je ne dormais plus la nuit et les journées étaient un cauchemar : j'étais tellement fatiguée et souffrante... »

Le Dr Richard Martzolff, médecin responsable de l'encyclopédie médicale Vulgaris, confirme le fait :

« Je le sais par expérience, et les personnes qui adhèrent à des associations de patients fibromyalgiques peuvent en témoigner : les antidépresseurs ont tendance à aggraver les symptômes de la fibromyalgie. »

La fibromyalgie, maladie théoriquement mystérieuse, est dans bien des cas le nom qu'on donne à un empoisonnement au fluor causé, entre autres, par la consommation d'antidépresseurs.

Si vous prenez des antidépresseurs et que vous souffrez de fibromyalgie, de fatigue chronique, ou de n'importe quel autre symptôme de fluorose, vous avez maintenant une petite idée de ce que les antidépresseurs vous coûtent.

Suicides

Les antidépresseurs ne causent pas seulement la fluorose – ils poussent aussi au suicide.

Étonnant, n'est-ce pas ?

C'est aussi paradoxal que si un contraceptif multipliait les chances de tomber enceinte... Et pourtant, c'est un fait : il y a beaucoup plus de suicides chez les déprimés qui prennent des antidépresseurs que chez ceux qui n'en prennent pas. Autrement dit une personne qui prend des antidépresseurs a nettement moins de chance de survivre qu'une autre personne tout aussi démoralisée qui, elle, refuse d'en prendre.

Les études qui prouvent le lien entre antidépresseurs et suicides sont si nombreuses que les compagnies pharmaceutiques n'arrivent plus à garder les yeux fermés (et ce n'est pas faute de serrer énergiquement les paupières).

Ainsi en mai 2006, la Compagnie pharmaceutique Glasko Smith Kline a dû admettre qu'il y a six fois plus de suicides chez les adultes qui prennent l'antidépresseur Paxil que chez les adultes sous placebo. Sur 18 cas de suicides de patients sous

Paxil, 15 suicides ont l'antidépresseur pour cause directe et seulement 3 une autre origine.

Et notez un point important : les antidépresseurs sont à l'origine de suicide de personnes qui, auparavant, n'avaient pas la moindre velléité de suicide. Elles cueillaient dès aujourd'hui les roses de la vie, ou en tout cas elles n'avaient pas renoncé à les cueillir, quand les antidépresseurs dépouillaient soudainement les roses en question de tous leurs pétales.

La présidente de l'association *Prozac Survivor's Support Group* nous fait part de ses observations :

> « J'ai personnellement parlé avec 400 personnes à qui le Prozac a été prescrit pour différentes raisons : obésité, tabagisme, dépression... Le scénario est toujours le même. Ils ne sont pas suicidaires avant de commencer le traitement et ils le deviennent après. Quand ils arrêtent, ils ne le sont plus. »

Il y a aussi les témoignages directs :

> « Le fait de prendre des antidépresseurs me donnait envie de me tuer... Maintenant, je suis heureuse comme jamais sans ces cochonneries de pilules. »

> « Est-ce normal que juste après avoir pris mon antidépresseur (générique du Prozac), j'aie encore plus envie de mourir, et pire, que je me sente tout à fait capable de me tuer ?»

> « On vient de me changer mes AD et du coup je me sens encore plus mal. J'ai failli me jeter par la fenêtre pendant la nuit à cause d'une crise d'angoisse horrible avec des nausées... »

> « On m'a prescrit du Prozac 20 mg. J'ai commencé le traitement le 15 février 1990. Je me suis senti bien jusqu'au 25 juin. Ce fut le jour de ma première tentative de suicide. Je n'avais jamais été suicidaire auparavant. Je devenais obsédé par le suicide. J'ai arrêté le traitement et ça a disparu. »

Lors des premières études menées sur le Prozac, le produit a été testé sur des personnes dont les dépressions étaient modérées ou légères, et qui n'avaient *pas* d'idées suicidaires. En tout, 286 personnes ont suivi le traitement jusqu'au bout. Or parmi ces gens qui n'étaient *pas* suicidaires en commençant leur traitement au

Prozac, *16 se sont tués*. 16 sur 286 ! Le traitement ne durait pourtant que de quatre à six semaines.

Dans la mesure où ces personnes n'avaient pas de pensées suicidaires lorsqu'elles ont commencé le traitement, on peut être sûr que si elles avaient pris un placebo à la place du Prozac, aucune ne se serait suicidée. En cas de dépression modérée, la prise de Prozac fait donc passer la probabilité de se suicider de 0 % à 5,50 % en seulement six semaines !

Et on appelle ça un médicament...

Akathisie

Les antidépresseurs poussent parfois au suicide, certes, mais comment ?

Souvent, par le biais de l'akathisie.

Ce mot étrange ressemble à du japonais, mais la réalité qu'il désigne n'a vraiment rien de zen. L'akathisie est un trouble neurologique vraiment terrible.

Une personne atteinte d'akathisie est dans un état d'agitation interne intense. Elle tremble, elle est surexcitée. Impossible de rester tranquille, impossible de s'asseoir ; elle a *besoin* de sortir de sa peau. Ces sensations sont tellement insupportables qu'elle peut en devenir frénétique, furieuse... Parfois jusqu'au suicide.

Voici un témoignage de première main sur l'akathisie :

> « Je sentais monter en moi un terrible sentiment de désarroi et d'angoisse en même temps qu'une extrême agitation. J'étais incapable de tenir en place et il fallait absolument que je bouge, que je marche, ou même que je coure. C'était vraiment un cauchemar... Je me donnais exprès des coups pour m'étourdir, je criais pour extirper de moi cet énervement. Ça durait ainsi au moins 4 à 5 heures (à chaque fois, je n'ai pas été loin d'être hospitalisé en urgence) puis ça se calmait très progressivement. J'ai compté qu'il me fallait au minimum 10 heures après le début des premiers signes pour retrouver complètement mon état normal. »

On sait depuis longtemps que l'akathisie est l'une des conséquences possibles de la consommation d'antidépresseurs, au bout de quelques heures pour certains et au bout de plusieurs jours pour d'autres.

En fait, tous les médicaments du type ISRS peuvent déclencher une akathisie. Autrement dit, non seulement le Prozac, mais tout un tas d'autres antidépresseurs connus peuvent être à l'origine d'une akathisie.

L'akathisie est le chaînon manquant qui permet de relier la prescription d'antidépresseurs à certains suicides étranges : les antidépresseurs mènent à l'akathisie ; l'akathisie mène parfois (pas toujours, heureusement) au suicide.

Folie

Les antidépresseurs sont aussi une cause de folie :

> « Une de mes amies traversait un divorce. On lui a prescrit un antidépresseur ; du coup elle est devenue psychotique. Elle a été hospitalisée plusieurs fois et on l'a mise sous psychotropes ; son comportement a changé du tout au tout. Elle a aussi pris beaucoup de poids. Après s'être sevrée de ses médicaments, sa psychose a disparu et elle a perdu son excès de poids, mais jusqu'à ce jour elle souffre toujours de crises d'anxiété. Elle est en invalidité. »

Combien de personnes qui étaient saines d'esprit en entrant à l'hôpital psychiatrique en sont sorties en y laissant une part non négligeable de leur santé mentale... Les antidépresseurs font au cerveau d'invisibles ravages – surtout quand on les avale contre son gré et à la pelle.

Nous vivons dans un monde étrange. Un monde où l'on prescrit à des gens qui sont déjà perturbés de quoi les déséquilibrer encore plus, voire les rendre complètement fous.

Ce qui laisse à penser que les prescripteurs sont malveillants... ou ignorants. Piètre excuse pour des docteurs. À supposer que le savoir n'ait pas encore versé sa lumière sur leurs esprits en jachère, qu'est-ce qu'ils attendent pour se renseigner ? Ceci dit c'est vrai qu'ils manquent de temps.

Je me permets une petite digression.

On prétend souvent que « tout traitement puissant et

efficace » a des effets indésirables, comme si on ne pouvait se soigner qu'en s'abîmant la santé...

Mais si les gens qui souffrent moralement soignaient leur dépression en croquant des cornichons et des fraises, un tel traitement ne compromettrait pas leurs chances de vie et de bonheur... et les soulagerait en vertu de l'effet placebo.

À condition qu'ils croient à son efficacité, *bien sûr.*

Mais comme ils n'y croiront jamais, les fraises et les cornichons n'ayant pas assez d'effets secondaires néfastes pour remplir de manière crédible le rôle du médicament « puissant et efficace », et les producteurs de fruits et de légumes n'ayant pas le bras assez long pour nous faire croire n'importe quoi, ma supposition potagère n'a pas grand intérêt.

Revenons à nos cachetons.

Meurtres

Via l'akathisie, ils précipitent aussi vers le meurtre. Pris de folie, des quidams ordinaires massacrent leur famille ou des passants et, bien souvent, se suicident ensuite.

De très nombreux cas d'assassinats où les antidépresseurs ont joué un rôle clef ont déjà été répertoriés aux États-Unis. Des procès ont été intentés contre des firmes pharmaceutiques à ce sujet.

Il y a par exemple ce grand-père, qui était déprimé, mais pas du tout suicidaire. Son médecin l'a mis sous cachets, et il est devenu très agité. Quelques jours après avoir commencé le traitement, il a tué sa fille qu'il aimait tant, et il s'est tué aussi. Comme ça, sans raison apparente.

Aux États-Unis, les adolescents qui un beau jour pètent les plombs et tuent leurs camarades d'école sont presque toujours sous antidépresseurs.

Quoique la France soit l'un des pays où l'on consomme le plus d'antidépresseurs, elle a par miracle été épargnée jusqu'ici par ce genre de folie… Tout comme elle a été épargnée par le nuage de Tchernobyl.

À moins que...

Les « drames familiaux » qui font la une du journal télévisé (un père de famille tue sa femme et ses enfants et se tue ensuite) ne sont peut-être pas si mystérieux, après tout.

Accidents

Les antidépresseurs sont aussi à l'origine de nombreux accidents.

On en parle peu, voire on n'en parle pas du tout, et pourtant c'est logique, puisque les antidépresseurs diminuent la vigilance :

> « J'ai commencé à comprendre le danger des antidépresseurs lorsque j'ai pris des cours de conduite : mes réflexes étaient très émoussés. Ça va beaucoup mieux depuis que j'ai diminué la dose de moitié. »

> « Pendant très longtemps, j'ai refusé les antidépresseurs. Puis, j'ai fini par accepter d'en prendre. Puis, j'en ai pris d'autres. Puis, encore d'autres... Un jour, j'ai eu un accident de voiture. J'avais oublié de freiner... C'est alors que j'ai pris conscience que je prenais dix-huit pilules par jour. »

Il y a une certaine ironie à ce que des cachets qui, en théorie, soignent la dépression augmentent, en pratique, la probabilité de se ratatiner en voiture contre un platane. Mais dès qu'on parle des antidépresseurs, les paradoxes pullulent.

Quand l'accident causé par les antidépresseurs est mortel, le principal intéressé n'a plus droit à la parole, bien sûr... Dans ce dernier cas, ce sont ceux qui l'ont connu qui racontent :

> « J'ai vu mon ex-belle-mère se détruire avec les antidépresseurs. À la fin, elle avalait des excitants le matin, des tranquillisants dans la journée et des somnifères le soir. Au moins dix cachets par jour. Sa vie s'est terminée sur la route, dans un accident mortel. »

Peut-être qu'un jour, la police fera passer des « antidépressotests » aux automobilistes comme elle leur fait passer des alcootests. Ce jour-là, on restreindra la vente des antidépresseurs, ou mieux, on l'interdira – et comme par miracle, les routes deviendront beaucoup plus sûres.

Certains chercheurs indépendants ont appelé les antidépresseurs « des cachets diaboliques », tandis que d'autres ont comparé leur emprise à celle d'une possession satanique. Ces figures de style un peu grandiloquentes peuvent paraître exagérées.

Et pourtant...

Accidents, suicides, folie, meurtres, décès : si le Diable existe, il est certainement un fervent promoteur de ces petits cachets si favorables à ses projets.

À retenir

• De la prise d'antidépresseurs à la fluorose (rebaptisée fibromyalgie ou syndrome de fatigue chronique) il n'y a qu'un pas.

• À l'origine des accidents, des suicides, des psychoses et des meurtres absurdes se trouve bien souvent une ordonnance médicale.

Conseils

▶ Si vous avez l'impression que votre raison vacille, ne prenez pas d'antidépresseurs. Si vous en prenez déjà, envisagez l'éventualité qu'ils jouent un rôle dans votre état actuel.

L'industrie pharmaceutique

Dans ce chapitre, c'est de l'industrie pharmaceutique (appelée aussi familièrement « Big pharma ») que nous allons parler.

Médicament cherche maladie

Supposer que l'industrie pharmaceutique s'échine pour mettre au point des médicaments efficaces contre des maladies qui existent déjà, des maladies réelles, est une rassurante et dangereuse illusion.

De nos jours il est rare, il est même exceptionnel, que l'industrie pharmaceutique invente des médicaments pour soigner des maladies préexistantes. La plupart du temps elle fait l'inverse : elle invente des maladies pour justifier l'utilisation des molécules chimiques qu'elle a concoctées dans ses laboratoires. Elle forge des maladies pour vendre ce qui, théoriquement, les soigne.

En anglais on appelle ça du *disease mongering*. En français, on pourrait parler de *morbiformation*.

Prenons en exemple la « maladie du déficit oestrogénique ». Dans son livre *Les inventeurs de maladie*, Jörg Blech cite Barbara Wanner, médecin à Zurich, qui dit :

> « Il est intéressant de remarquer que la définition de la ménopause comme maladie est apparue exactement au moment où étaient disponibles des hormones de synthèse susceptibles de traiter cette maladie nouvellement définie. »

La ménopause n'est devenue une maladie qu'à partir du moment où elle pouvait ainsi faire vendre les hormones de synthèse. On a d'abord trouvé la « solution », et seulement après le « problème » : c'est de cette manière que les industriels du médicament procèdent.

De même le TDAH (Trouble de Déficit de l'Attention/Hyperactivité) a été inventé pour donner quelque chose à soigner à la molécule de méthylphénidate, plus connue sous le joli nom de Ritaline.

Quels sont les effets de la Ritaline ?

Cette molécule est abrutissante. Agissant comme de la cocaïne sur le cerveau, elle rend beaucoup plus docile. Pendant longtemps, l'industrie pharmaceutique a cherché ce qu'en termes marketing on appelle une « niche » pour la Ritaline... Cette molécule était utilisée pour « soigner » toutes sortes de problèmes, mais il lui manquait une mission bien définie.

En fin de compte, l'industrie pharmaceutique lui a inventé une maladie bien à elle, le TDAH.

Le TDAH a été voté à main levée lors d'une rencontre d'un comité de l'Association Psychiatrique Américaine en 1987. C'est à partir de ce moment-là que la Ritaline est devenue vraiment rentable.

La Ritaline existe depuis 1944, le TDAH depuis 1987 : la comparaison de ces deux dates vaut un long discours. Ce n'est pas la Ritaline qui a été mise au point pour soigner le TDAH, c'est le TDAH qui a été mis au point pour vendre la Ritaline.

Maladie du déficit oestrogénique, Trouble de Déficit de l'Attention : dans ces deux cas comme dans tant d'autres, c'est la maladie qui protège le médicament, elle qui le rend populaire, le justifie et l'excuse de tous ses défauts. « Oui, dit-elle, il a quelques petits effets secondaires, et alors ? Pensez un peu à tous ces pauvres malades qu'il a soulagés… C'est vraiment un remède miracle, moi je lui dis chapeau ! »

La dépression soigne les antidépresseurs !

Avec un humour pince-sans-rire assez piquant, M. Borch-Jacobsen parle de la dépression moderne comme d'un effet secondaire des antidépresseurs.

À l'instar de la maladie du déficit oestrogénique et du Trouble de Déficit de l'Attention, la dépression aurait-elle été inventée pour vendre des petits cachets ?

La dépression soignerait-elle les antidépresseurs en les guérissant de leur inutilité ?

Je le crains.

Ce qui rend la chose difficile à concevoir, c'est que la tristesse, la mélancolie, l'angoisse et les problèmes psychologiques existent depuis longtemps.

Mais après tout, c'est aussi le cas de l'enfant agité : il y avait des enfants bruyants et remuants avant que les psychiatres ne décrètent que ces gosses difficilement supportables sont en réalité de petits malades... Pareil pour les femmes ménopausées.

Le cafard et le désespoir existaient bien avant que l'industrie pharmaceutique ne s'en mêle, mais la définition de la dépression comme « vraie maladie » est, elle, de fabrication récente. Cet état d'âme a été médicalisé parce que l'industrie pharmaceutique l'a voulu.

La dépression « vraie maladie » justifie et encourage la vente des produits pharmaceutiques, protégeant de son grand corps toutes les petites molécules chimiques qui se cachent derrière elle, comme les guerriers athéniens dans le cheval de Troie.

Publicité indirecte

La dépression est une vraie maladie, la dépression frappe au hasard, c'est génétique, vous n'êtes pas responsable... Vous vous souvenez des clichés que nous avons disséqués ?

Toutes ces idées fausses travaillent en réseau et en cachette pour l'industrie pharmaceutique. C'est l'industrie pharmaceutique qui paye pour que tous ces lieux communs soient communs ; c'est elle qui finance leur omniprésence.

Certains lecteurs – pas vous, je l'espère – vont peut-être refuser d'y croire, d'autant que je ne peux pas en apporter une preuve irréfutable... les industriels du médicament ne laissent pas traîner leurs notes internes sur ma table de nuit.

Mais qui peut sérieusement croire que c'est par hasard que ces clichés conduisent tous à la même conclusion ?

Ce serait une incroyable coïncidence.

Vous ne voyez pas ce que je veux dire ?

Reprenons-les l'un après l'autre.

Cliché numéro 1 : *La dépression est une vraie maladie.* Puisque c'est une maladie, elle se soigne avec des médicaments – et pas des antibiotiques, on s'en doute.

Cliché numéro 2 : *La dépression n'a rien à voir avec la déprime.* Si elles avaient un point commun, on attendrait patiemment qu'elle passe toute seule, mais puisqu'il n'y en a pas, il faut se rendre sans tarder chez un docteur... qui nous prescrira autre chose que du sirop pour la gorge.

Cliché numéro 3 : *La dépression est due à un déséquilibre chimique.* Ce déséquilibre, seuls des médicaments spécialement conçus à cet effet pourront le corriger.

Cliché numéro 4 : *La dépression a une dimension génétique.* Donc on ne peut rien faire contre... Si ce n'est gober des pilules miracles.

Cliché numéro 5 : *La dépression frappe au hasard.* Il n'y a donc aucun moyen de l'éviter... Et puisqu'on ne peut pas prévenir, il faut guérir, ou du moins essayer. Avec des cachets.

Cliché numéro 6 : *La volonté est inutile.* Puisqu'on ne peut donc pas se prendre en main tout seul, appelons la chimie pharmaceutique à la rescousse !

Cliché numéro 7 : *Vous êtes irresponsable de vos états d'âme.* Si on en était responsable, on pourrait apprendre à les contrôler, et ainsi se dispenser de médicaments... mais comme on est une victime pur jus, hors des AD, point de salut.

Cliché numéro 8 : *Les idées noires sont des symptômes.* Si elles étaient des causes, on apprendrait à diriger son esprit, à faire le tri dans ses pensées. Mais puisque les idées noires ne sont que des symptômes, la solution sera... vous savez quoi.

Cliché numéro 9 : *Faites confiance à votre docteur.* Docteur qui vous prescrira ce qu'il a l'habitude de prescrire en pareil cas.

Tous les chemins mènent à Rome, et tous les lieux communs qui circulent sur la dépression aux antidépresseurs. N'est-ce pas étrange ?

Mais non, ce n'est pas étrange.

C'est logique, au contraire.

Tous ces clichés mensongers sont des appâts que les industriels du médicament lancent pour nous attirer dans leurs filets. Par le biais de ces affirmations infondées, ils cherchent à nous convaincre que tout individu démoralisé se doit d'avaler des antidépresseurs : il n'aurait tout simplement pas le choix.

Les industriels du médicament sont malins.

Finauds et matois comme des goupils.

Ce sont de rusés compères.

Ces industriels privilégient la publicité indirecte, celle qui passe pour de l'information objective et utile. Leur avidité mercantile, ils la déguisent en son contraire : ils ne veulent pas faire du profit, ils veulent aider les déprimés. Ils veulent les informer.

Les informer de quoi ?

Les informer qu'ils n'ont aucune volonté – ou que celle-ci ne leur sert à rien... ce qui revient au même.

Les informer qu'ils sont incapables de se débrouiller sans leurs molécules.

Les informer que la mort-aux-rats qu'ils commercialisent est le seul espoir qu'il leur reste, la seule bouée qui leur sera jamais lancée.

Les visiteurs médicaux

Pour vendre leurs cachets, les laboratoires ne doivent pas seulement convaincre le grand public et les personnes qui souffrent ; ils doivent aussi et peut-être surtout persuader les médecins généralistes de les prescrire.

Et c'est là que les visiteurs médicaux entrent en scène.

Les malades, ça use... Les médecins sont fatigués. Heureusement qu'entre deux brochettes de patients grincheux et hypocondriaques, les visiteurs médicaux viennent leur rendre visite. Ils sont séduisants, compatissants, et ne viennent jamais les mains vides : de vrais rayons de soleil ! Les visiteurs médicaux sont bien les seuls à s'intéresser aux médecins, les seuls à prendre des nouvelles de leur santé.

Ces charmants visiteurs, qui sont-ils ?

La plupart des visiteurs médicaux qui vont donner des « informations » sur les médicaments et « éduquer » les médecins n'ont aucune formation scientifique, et encore moins médicale. Pour devenir visiteur médical, il suffit du bac, d'une année à la fac et de six mois de formation. Mais ce qui leur manque au niveau du fond, les visiteurs médicaux le rattrapent au niveau de la forme, ou des formes.

Lorsqu'ils évoquent leur ancienne activité professionnelle, les ex-visiteurs médicaux révèlent qu'un physique attrayant est un critère essentiel d'embauche. Peut-être pour compenser le manque d'attrait intrinsèque des médicaments de leur laboratoire, les visiteurs médicaux se doivent d'être séduisants.

Sexy.

Les instructions reçues par les visiteurs médicaux pendant leur formation de cinq semaines sur les tactiques de manipulation (oui, vous avez bien lu) incluent d'ailleurs des conseils sur la manière d'exploiter une attirance d'ordre sexuel. Pour convaincre les médecins de prescrire à leurs patients les petits cachets de leurs laboratoires, les visiteurs médicaux ont recours à des visites chaleureuses et amicales, mais aussi au grand jeu de la séduction.

Et ce n'est pas tout.

Pour séduire les médecins, les visiteurs médicaux ont aussi recours à d'innombrables petits cadeaux, qui ne sont pas tous si petits que ça : de la presse gratuite, des stylos gratuits, des blocs-notes gratuits, des tapis de souris gratuits, des échantillons gratuits, des repas au restaurant gratuits, des prises en charge des frais d'inscription à tel ou tel congrès à l'île Maurice...

En France, les laboratoires pharmaceutiques dépensent environ 23 000 euros en cadeaux par médecin généraliste, juste pour influencer leurs prescriptions. Tout est bon pour manipuler les médecins, trop surmenés pour mener leurs propres recherches en toute indépendance.

Les promoteurs des antidépresseurs

Les promoteurs des antidépresseurs sont nombreux. Faisons-en la liste :

1/ Il y a tous ceux qui, employés par les laboratoires pharmaceutiques, bossent sans état d'âme pour eux. Y compris les visiteurs médicaux dont nous venons de parler.

2/ Il y a les médecins généralistes, qui prescrivent et à ce titre promeuvent les antidépresseurs. Qu'ils soient de bonne foi ou pas, le résultat est le même.

3/ Il y a les psychiatres qui non seulement prescrivent les antidépresseurs à des patients consentants, mais qui, dans les hôpitaux psychiatriques, les imposent à des patients récalcitrants jusqu'à ce que ceux-ci en deviennent dépendants.

4/ Il y a des associations de « malades » (déprimés, anxieux...) qui se font financées par l'industrie pharmaceutique. Eux aussi font la promotion des antidépresseurs.

5/ Il y a les médecins qui se font payer par les laboratoires pharmaceutiques. Dans les réunions de Formation médicale continue, ils se font passer pour des intervenants objectifs et neutres afin de manipuler leurs collègues. Stratégie malhonnête, mais efficace.

6/ Il y a les chercheurs scientifiques dont les industriels du médicament financent, en douce, les recherches et les articles soi-disant objectifs.

7/ Il y a les journalistes scientifiques que l'industrie du médicament invite, nourrit, bichonne, éblouit par un certain luxe : ils ne risquent pas de cracher dans la soupe – un délicieux potage malgré les gélules qui y flottent.

8/ Il y a enfin toutes les personnes atteintes de normose qui répètent les lieux communs sur la dépression parce que ce sont des lieux communs et qu'à ce titre, elles sont déterminées à y croire. Ceux-là ne sont pas payés par l'industrie pharmaceutique ; ils travaillent pour elle bénévolement.

La liste serait à compléter.

Félicitations

Si on ne peut pas féliciter les riches et puissants industriels du médicament pour leur sincérité, leur sens moral ou leur philanthropie, les trois ayant fondu au soleil du profit depuis belle lurette, on peut du moins les féliciter pour :

1/ Leur succès. En vingt ans, depuis 1990, le chiffre d'affaires des industriels du médicament a été multiplié par trois. Quant aux individus soignés en tant que dépressifs, ils ont connu une augmentation encore plus spectaculaire.

2/ Leur extraordinaire créativité. S'il en faut pour vendre des congélateurs à des Inuits, il en faut au moins autant pour vendre du raticide sous le nom de médicament à des gens qui ne sont pas malades.

3/ Enfin, on peut féliciter les industriels du médicament pour les efforts discrets, mais efficaces qu'ils consentent pour réduire la population mondiale. D'après les néo-malthusiens cette planète serait surpeuplée : il n'y aura jamais assez à manger pour tout le monde... Grâce à l'industrie pharmaceutique, nous sommes un peu moins nombreux.

> ## À retenir
> • L'industrie pharmaceutique ne crée pas des médicaments pour soigner des maladies, mais l'inverse : elle invente des maladies pour vendre ses cachets.
> • Les lieux communs sur la dépression ont été conçus et popularisés par l'industrie pharmaceutique afin que les antidépresseurs apparaissent comme le seul recours possible contre la tristesse et l'angoisse.
> • Via des visiteurs médicaux aux poitrines avantageuses et aux lèvres pulpeuses et des médecins et des scientifiques soi-disant neutres, les laboratoires pharmaceutiques manipulent les médecins.
> • Les promoteurs des antidépresseurs forment une armée de marionnettes dont les industriels du médicament tirent les

ficelles.

Conseil

▶ Comptez combien d'objets portent le nom d'un médicament dans le cabinet de votre médecin : ce sont autant de gracieux cadeaux offerts par des visiteurs médicaux. Croyez-vous vraiment que ces cadeaux n'ont aucun impact sur ses prescriptions ?

Lectures recommandées

☐ *Les inventeurs de maladies : Manoeuvres et manipulations de l'industrie pharmaceutique* de **Jörg Blech**. Agréable et instructif.

☐ *http://pharmacritique.20minutes-blogs.fr*

Trois mensonges

Voici ce qu'on peut lire dans d'innombrables livres, articles, sites et brochures consacrés à la dépression :

« Les antidépresseurs permettent au patient de redevenir lui-même. »

« Les antidépresseurs favorisent la formation de nouveaux neurones et régénèrent le cerveau. »

« Les antidépresseurs viennent combler le manque de sérotonine qui existe dans le cerveau en cas de dépression. »

« Les antidépresseurs favorisent, au niveau cérébral, les processus naturels de réparation et de lutte contre les effets toxiques du stress. »

« Les antidépresseurs ont amélioré de manière considérable le traitement de la dépression et à ce titre, font partie des avancées majeures de ces dernières années. »

« Les antidépresseurs stimulent les capacités cognitives et apaisent les tourments, ils permettent de revenir à la normale et de récupérer un fonctionnement cérébral et émotionnel satisfaisant. »

S'il y avait autant de moutons dans mon environnement que de mensonges dans ces quelques lignes, je serais bergère. Dans ce chapitre, nous allons identifier trois bobards colossaux qu'avancent les promoteurs des antidépresseurs pour occulter la vérité.

Médicaments

Vous l'avez certainement entendu dire :

« Les antidépresseurs sont des vrais médicaments ».

Si les mots ont encore un sens, si *médicament* a toujours la signification que les dictionnaires lui prêtent, les antidépresseurs n'en sont pas. Ils ont trop d'effets désastreux pour porter ce titre. Des substances qui rendent insidieusement dépendant et qui causent troubles neurologiques, folie, meurtres et suicides ne sont pas des médicaments.

Mais alors, quoi ?

Nous avons l'embarras du choix.

Les antidépresseurs méritent le nom de *drogue* (on a vu qu'ils en ont toutes les caractéristiques), de *poison* (c'est leur ingrédient principal), de *mort-aux-rats* (pour être plus précis), de *suicidatifs* (ils causent des suicides hâtifs), de *dépressants* (ils enfoncent dans la dépression qu'ils prétendent combattre) *et de logicocides* (pour leur effet désastreux sur les facultés du raisonnement).

Il est d'ailleurs dommage qu'ils ne portent pas un de ces noms-là... Les choses seraient tellement plus claires ! On saurait à quoi s'attendre, et personne ne serait déçu.

Normal

Autre mensonge :

« Grâce aux antidépresseurs, le cerveau retrouve un fonctionnement normal. »

« Les antidépresseurs viennent combler le manque de sérotonine qui existe dans le cerveau en cas de dépression. »

C'est exactement l'inverse qui est vrai. En voulant corriger un déséquilibre chimique hypothétique et improuvable, on se bousille le cerveau.

Pour apprivoiser ce fait quelque peu choquant, rapprochons-le d'un autre phénomène : le pishing. Un internaute reçoit un mail de PayPal lui annonçant :

« Nous vous avons contacté après avoir noté une utilisation frauduleuse de votre compte. Vous devez cliquer sur le lien ci-dessous et saisir votre email et mot de passe sur la page suivante afin de confirmer vos informations de facturation. »

Il donne son mot de passe, et grâce à cette mesure de « sécurité », l'utilisation frauduleuse qu'on lui a fait craindre se réalise… 4000 euros s'évaporent de son compte.

Avec les antidépresseurs, c'est le même genre d'escroquerie : on se laisse convaincre qu'on souffre d'un déséquilibre chimique, qu'on manque de sérotonine, on prend des cachets pour rétablir l'équilibre et combler le manque, et on se retrouve avec le cerveau en compote.

La recherche l'a prouvé à mainte reprise : tous les produits chimiques utilisés pour « soigner » le mental créent des dysfonctionnements et des déséquilibres dans le cerveau.

Lorsque le cerveau est envahi par une drogue toxique (antidépresseur ou autre), il cherche à compenser ses effets néfastes. Ce faisant, il détruit sa propre capacité à réagir à la substance : pour s'insensibiliser, il détruit certaines de ses fonctions.

Le cerveau est un organe extraordinairement complexe et sophistiqué ; y introduire des substances qui n'ont aucune raison d'y être, c'est-à-dire qu'on ne trouverait jamais dans une alimentation saine, ne peut que l'abîmer. Lorsqu'un psychiatre ou un docteur prétend que ses cachets sont capables d'améliorer le fonctionnement du cerveau, c'est comme s'il prétendait améliorer Apollo 13 à coups de pelle.

Les antidépresseurs perturbent le fonctionnement cérébral normal et sont à l'origine des déséquilibres qu'ils sont censés corriger.

Soi-même

Troisième mensonge (le plus gros des trois) :

« Les antidépresseurs permettent au patient de redevenir lui-même. »

C'est l'inverse qui est vrai.

Sous antidépresseurs, la personnalité est altérée et

63

amoindrie ; on ne redevient pas soi-même, on cesse de l'être. À ce sujet, voici quelques témoignages significatifs :

> « Je connais quelqu'un qui abuse des antidépresseurs. Depuis qu'il en prend, il est devenu lunatique, tour à tour agressif et amorphe. Il ne parle plus, il se contente de marmonner. »

> « Mes cachets me dirigent. Je ne sais même pas si en me levant le matin ou en me couchant le soir c'est réellement moi. Je veux dire que je ne sais pas si la personnalité que je montre est réellement la mienne... »

> « Ça va faire vingt-huit ans que ma mère est sous antidépresseurs. Elle change tellement d'humeur dans la journée que je ne la reconnais plus… Par moments je me demande qui est ma mère. Elle m'a expliqué qu'elle n'arrêtera jamais, que ce sera comme ça toute sa vie. Ça me fait mal qu'elle ne puisse pas vivre sans. »

> « Mon mari a changé depuis qu'il prend des médicaments, je pensais que c'était normal au début, mais son état ne s'est pas amélioré... Avant on sortait beaucoup, randonnées, cinéma, restaurants, et sur le plan intime tout allait bien... Maintenant on vit comme des vieux. C'est devenu un zombi. Accro des jeux sur PC, il ne sort plus que pour bosser. Et au niveau sexuel, plus rien. Les médicaments lui ont enlevé tout plaisir, il ne rit même plus... Ses angoisses sont parties, c'est vrai, mais le bonheur est parti avec. »

En effet ce ne sont pas seulement les émotions négatives qui sont bloquées par les antidépresseurs... toutes les émotions sont paralysées, ainsi que les diverses facultés qui en dépendent.

Ainsi, un ami shooté aux antidépresseurs n'a plus de compassion à offrir :on ne peut pas « souffrir avec » (c'est le sens de *compatir*) quand on n'est plus capable de souffrir du tout.

Témoignage :

> « Les médicaments m'isolent. Ils interfèrent avec mon empathie. Il y a une sorte d'aplatissement qui fait que je me sens mal à l'aise avec les autres. L'empathie qui permet de s'entendre avec les gens, les antidépresseurs la suppriment. »

Et ce n'est pas seulement la compassion qu'on perd sous antidépresseurs : la curiosité intellectuelle, la tendresse et l'altruisme s'étiolent aussi, ainsi que la capacité de tomber amoureux. Plus le « traitement » se prolonge, plus celui qui le suit ressemble à un automate.

Un mort-vivant.

Consommer des antidépresseurs prive petit à petit de la part la plus précieuse de la personnalité : celle qui est délicate, humaine, celle qui permet de faire preuve de grâce et de logique, d'éprouver sympathie et tendresse.

Et ce n'est pas tout...

Les antidépresseurs altèrent aussi la volonté. Les neurologues l'ont prouvé : les émotions sont en rapport étroit avec la raison et le libre arbitre, ce qui fait que qui perd les premières, n'est pas loin de perdre les seconds. Dans *Artificial Happiness : The Dark Side of the New Happy Class* le Docteur Ronald W. Dworkin explique le mécanisme par lequel les antidépresseurs altèrent la volonté.

Les antidépresseurs, dit-il, créent en peu de temps un état de bonheur artificiel : le mental se désynchronise de la vie.

Sous antidépresseurs, il n'y a plus vraiment de rapport entre la manière dont on vit et la manière dont on se sent. Une passion s'atténue en hobby ; un mariage ou un travail pénible cessent de l'être ; les goûts et dégoûts naturels s'émoussent. Devenu indifférent aux signaux positifs ou négatifs que nous envoie l'existence, ou que nous nous envoyons à nous-mêmes, on se sent assez bien en toutes circonstances, quoi qu'on vive.

Aucune joie profonde, aucune sensation d'inconfort insupportable, ne pousse plus à faire des choix courageux. Divorce ou thérapie de couple et reconversion professionnelle sont ainsi évités : on tolère indéfiniment, sans rien y changer, des situations auxquelles on mettrait un terme autrement. Le statu quo l'emporte.

Johann Hari, journaliste qui a passé dix ans sous antidépresseurs, explique ainsi sa décision de les arrêter :

> « Nous ne pouvons mettre le cap sur le vrai bonheur qu'à condition de savoir quand nous en dévions – or à vivre sa vie d'adulte sous antidépresseurs, on détraque sa boussole. C'est

pourquoi j'ai décidé de dire adieu aux antidépresseurs. »

La souffrance et les émotions négatives sont un signal qui clignote sur le panneau de contrôle de nos existences ; ce signal nous indique qu'il est temps d'apporter des changements à nos vies.

Sous antidépresseurs, on est privé de ces importants signaux, ce qui fait que les choix que l'on fait sont rarement les bons. La capacité à prendre des décisions personnelles (autrement dit de bonnes, d'intelligentes, de courageuses décisions) est atrophiée, voire annulée, par la consommation de ces cachets diaboliques.

À retenir

● Les antidépresseurs sont de la drogue, du poison, des suicidatifs, des logicocides – pas des médicaments.

● Les antidépresseurs causent au cerveau les dégâts qu'ils ont officiellement pour mission de réparer.

● Ils défigurent la personnalité de l'individu qui les avale en l'amputant de ses qualités humaines et d'une part importante de son libre arbitre.

Ruses et artifices rhétoriques

Au-delà des mensonges bêtes et brutaux qui contredisent frontalement les faits, il y a des ruses et des artifices rhétoriques plus subtils par lesquels les promoteurs des antidépresseurs (c'est-à-dire les valets de l'industrie pharmaceutique) s'emploient à dissimuler la vérité.

Nier la dépendance

Pour dissimuler le fait que leurs « médicaments » sont de la drogue, les promoteurs des antidépresseurs s'emploient à nier la dépendance qu'ils induisent. Ce qui les amène à se livrer à des contorsions verbales qui ne manquent pas de sel :

> « Les antidépresseurs n'entraînent pas de dépendance, mais peuvent donner un symptôme de sevrage si on les arrête… N'ayez cependant aucune inquiétude : l'apparition d'un syndrome de sevrage ne signifie absolument pas que vous êtes dépendant aux antidépresseurs ; les traitements antidépresseurs n'entraînent jamais de dépendance. »

Un symptôme de sevrage, mais pas de dépendance ? Le sevrage étant « la suppression de l'usage d'une drogue à laquelle on était dépendant », il n'y a pas plus de sevrage sans dépendance qu'il n'y a d'œuf de poule sans poule. Puisque l'arrêt des antidépresseurs déclenche un syndrome de sevrage, les antidépresseurs rendent dépendants.

Ce fait étant irréfutable, les promoteurs des antidépresseurs remplacent parfois *syndrome de sevrage* par une périphrase plus obscure :

> « Les antidépresseurs ne créent aucune dépendance ; cependant, il est préférable d'arrêter le traitement progressivement pour éviter les effets indésirables transitoires observés en cas d'interruption

brutale ».

« Syndrome de sevrage » devient ici « effets indésirables transitoires observés en cas d'interruption brutale ». On n'y gagne pas en concision, mais l'idée absurde qu'il pourrait y avoir un sevrage sans dépendance se fait moins remarquer, et comme c'est le but...

Au passage, avez-vous remarqué l'adjectif dans l'expression *interruption brutale* ?

Grâce à lui, la brutalité change de camp : ce n'est plus l'antidépresseur qui est une drogue dure, c'est le fait de s'en sevrer qui devient une forme de violence.

Habile retournement.

Parfois aussi, les promoteurs lâchent un peu de lest. Ils admettent que *certains* antidépresseurs peuvent causer une *certaine* dépendance chez *certaines* personnes (par exemple les toxicomanes et les alcooliques), mais que cela ne change rien au fait qu'en règle générale, ce sont des médicaments utiles.

C'était déjà l'argument de Freud, qui soutenait l'innocuité de la cocaïne en expliquant que seuls des morphinomanes risquaient d'y devenir dépendants. D'après lui, les individus normalement constitués ne risquaient rien.

Ce raisonnement ne tient pas la route.

Même si on parvenait à prouver que seule une minorité de consommateurs d'antidépresseurs en deviennent dépendants (ce qu'on ne *peut pas* prouver), les antidépresseurs n'en resteraient pas moins de la drogue.

En effet la nature d'une substance n'est pas déterminée de manière démocratique, par la réaction qu'y présentent la majorité des gens. Dès qu'un produit peut rendre dépendant, dès qu'il abîme l'organisme, dès qu'il agit sur l'humeur à la manière d'un psychotrope, on a affaire à de la drogue.

Qu'elle soit dure ou douce, c'est toujours de la drogue. Un proverbe indien le souligne : *il n'y a pas de gros ou de petits serpents, il n'y a que des serpents.*

Ainsi, seule une minorité des buveurs d'alcool deviennent alcooliques, mais il n'en est pas moins interdit de conduire quand on a bu, parce que l'alcool n'est *pas* l'équivalent du jus d'ananas fraîchement pressé : une drogue reste une drogue, même si certains la tolèrent mieux que d'autres.

Minimiser les effets paradoxaux

Pour faire passer les antidépresseurs pour de « vrais médicaments », leurs promoteurs ne peuvent pas se contenter de gommer la dépendance qu'ils induisent. Ils doivent aussi enterrer leurs effets paradoxaux.

Pour les promoteurs des antidépresseurs, le plus simple serait, bien sûr, de ne pas parler *du tout* de ces effets gênants... Le moyen le plus sûr de désinformer, c'est de soustraire l'information : pour enterrer une vérité qui dérange, le silence reste la meilleure des pelles.

Mais cette stratégie n'est pas toujours possible, car parfois – suite à une étude un peu trop scientifique, à la publication d'un livre, à un procès, etc. – la vérité enterrée affleure et alors les promoteurs des antidépresseurs ne peuvent plus se contenter de se taire : il faut qu'ils parlent des effets néfastes de leurs produits d'une manière rassurante.

Pour cela, ils ont recours à plusieurs ruses, voyons-en quelques-unes.

1/ On parle et on entend parler des effets secondaires des antidépresseurs, mais qu'est-ce qu'un *effet secondaire* ? D'après n'importe quel dictionnaire, *secondaire* est le contraire de *principal*. Ce qui est *secondaire* est accessoire, négligeable, pas important. Autrement dit, un *effet secondaire* ne saurait être grave ; s'il est grave, ce n'est plus un effet secondaire. Pourtant, parmi les effets dits secondaires des antidépresseurs se trouvent des conséquences qui n'ont vraiment rien de secondaire.

Par exemple... la mort.

Le fait d'avoir baptisé les effets paradoxaux des antidépresseurs « effets secondaires » est une stratégie simple, mais efficace qui conduit les consommateurs d'antidépresseurs à sous-estimer les risques auxquels ils s'exposent.

Cet artifice rhétorique est comparable à la typographie habile des contrats d'assurance et des emprunts à taux variables, où les informations les plus cruciales sont imprimées en bas de page et en petits caractères, comme si elles ne présentaient aucune espèce d'importance.

2/ Autre stratégie toute simple : noyer le poisson. Généraliser le risque pour le rendre plus vague et donc moins menaçant.

Sur la liste des « effets secondaires », on n'évoque pas spécifiquement les effets de *cet* antidépresseur-*ci*, mais plus largement ceux de toute la classe d'antidépresseurs auquel il appartient. Par exemple ce n'est pas le Prozac en tant que tel qui a tel ou tel effet fâcheux, mais toute la classe des ISRS.

Cette manière de présenter les choses conduit encore une fois le consommateur à sous-estimer l'importance de l'information qu'il reçoit : il ne se sent pas directement concerné, alors qu'il l'est. Le Prozac *est* un ISRS : il a tous les effets fâcheux des ISRS.

Voyons encore deux autres stratégies.

Depuis qu'une partie du public a découvert que les antidépresseurs ont pour effet de multiplier les suicides, leurs promoteurs se sont échinés à ramener cette information cruciale, qui normalement devrait dégoûter tout le monde d'en prendre, au rang d'anecdote insignifiante.

Comment ?

3/ D'une part, en prétendant que les antidépresseurs ne présentent un risque que pour un groupe spécifique – les enfants. Mais les études sont catégoriques : les antidépresseurs poussent au suicide n'importe qui. C'est d'ailleurs logique. Les enfants appartiennent de plein droit à l'espèce humaine : ce qui est mauvais pour eux est mauvais pour nous (de même que ce qui est mauvais pour nous est mauvais pour eux).

4/ D'autre part, en reportant la responsabilité du suicide sur les suicidés, qui ne risquent pas de protester. Les antidépresseurs seraient de simples *désinhibants* : ils libéreraient des pulsions suicidaires antérieures, facilitant seulement le passage à l'acte...

Mais cette explication n'en est pas une.

On l'a vu, les antidépresseurs sont à l'origine de pensées

suicidaires chez des personnes qui n'avaient jamais pensé à se tuer avant de commencer leur traitement.

Notez au passage le choix du mot *désinhibant*. Il n'a pas été laissé au hasard. *Inhiber* a des connotations négatives ; ce verbe évoque la timidité, le mal-être, la peur. Inversement, le verbe *désinhiber* évoque la liberté, qui a elle des connotations positives : tout le monde a envie de se sentir libre.

En qualifiant les antidépresseurs de *désinhibants*, leurs rusés promoteurs leur accolent une épithète subtilement valorisante.

À retenir

• Les promoteurs des antidépresseurs manipulent le langage pour manipuler les consciences ; ils ne reculent devant aucun artifice rhétorique pour enjoliver les effets de leur poison.

Conseil

► Examinez de près les éloges pseudo-scientifiques des antidépresseurs. Vous y découvrez sophismes, incohérences et zones d'ombre.

Cinq illusions

Mais il n'y a pas que les mensonges et les artifices rhétoriques des dealers légaux qui entraînent dans la pharmacodépendance.

Plusieurs illusions communes, qui sont autant de points faibles de la nature humaine, incitent à faire le choix des antidépresseurs. Ces illusions influencent en secret notre comportement et nos décisions ; les examiner en pleine lumière est le seul moyen de s'en libérer.

Potion magique

Élixir de jeunesse éternelle, philtre d'amour... le mythe de la potion magique se décline en plusieurs versions. D'après ce mythe de tous les temps comme de tous les pays, il y aurait quelque part un quelque chose qui se gobe, se boit ou s'étale sur la peau et qui, hop !... résoudrait miraculeusement nos problèmes.

Astérix et Obélix n'y sont pour rien : cet espoir illusoire est profondément ancré en nous, et l'a probablement toujours été. Nous espérons une solution de facilité, un raccourci à dévaler sans effort – et l'espérer, c'est y croire.

Cette faiblesse humaine est à l'origine du succès des antidépresseurs, mais aussi des crèmes antirides (élixirs de jeunesse sous un autre nom), des boissons dites énergisantes, et d'une manière générale de tout produit consommable promettant infiniment plus qu'il ne peut tenir.

La médecine toute-puissante

Une autre illusion très répandue consiste à surestimer les

capacités de la médecine moderne. On s'imagine facilement qu'elle est capable, ou sera bientôt capable, de nous sauver de tout.

Y compris de la mort et des questions sans réponses.

Dans un écrit pétillant de fantaisie, Woody Allen, le célèbre humoriste, a décrit *l'Alka-Seltzer existentiel*. Dissous dans l'eau, cet énorme cachet fait passer le malaise induit par une conscience aiguisée du caractère éphémère, vain et périssable de la vie ; l'Alka-Seltzer existentiel serait aussi utile en cas d'embarras gastrique. Notre société croit aux Alka-Seltzer existentiels.

Cependant les limites de la médecine n'en sont pas moins les limites du corps. Aucun traitement agissant sur le corps ne constitue une réponse adéquate à des questions telles que : « Qui suis-je ? Pourquoi suis-je né ? Qu'est-ce que je veux ? Où irai-je après ma mort ? »

Lorsqu'on ne sait pas qui l'on est ni où l'on va, aucun docteur ne peut nous le dire.

Aucun cachet bleu ou rose ne peut remplir un vide intérieur. Aucun médicament chimique n'apporte la paix de l'esprit – la vraie, celle qui n'est pas un abrutissement, mais une plénitude. Aucune perfusion ne remplace un objectif. Aucune intraveineuse ne donne de sens à l'existence.

Lorsqu'on fait des choix – et on en fait toujours par la force des choses, c'est la condition humaine –, rien ne saurait nous immuniser contre leurs conséquences, pas même les dernières découvertes de la science. La médecine moderne peut prolonger la vie, pas lui donner un but. Elle peut ajouter à la quantité ; elle ne change rien à la qualité.

Passez-moi la comparaison : demander à des cachets de combler un manque spirituel ou une carence affective, c'est comme demander à une vache espagnole de chanter la Traviata avec l'accent toscan.

L'incapacité de souffrir

Beaucoup de gens sous-estiment leur propre capacité à

supporter la souffrance ou à la combattre par leurs propres moyens. Ils se croient plus faibles qu'ils ne le sont. L'idée de résister, ou tout simplement d'endurer avec patience, ne leur vient même pas à l'esprit.

Ils ont oublié que c'est en luttant (contre soi, contre les obstacles) qu'on se renforce, que rien de précieux ne s'obtient sans effort, et que la patience et le courage sont deux qualités qui permettent d'acquérir toutes les autres.

Ils n'ont pas conscience qu'en prenant systématiquement la solution de facilité, ils se tirent une balle dans le pied.

Un raccourci vers le bonheur

Une autre illusion courante consiste à croire qu'il suffit de s'éloigner du malheur par n'importe quel moyen pour se rapprocher du bonheur.

Ce n'est pas si simple.

Comme vous le savez, nos choix, tous nos choix, ont des conséquences. Opter délibérément pour l'illusion ou la drogue parce qu'elles apportent un soulagement immédiat est un très mauvais calcul à long terme. Le bonheur, le vrai, celui qui dure, est beaucoup plus près du malheur naturel que du faux bonheur chimique :

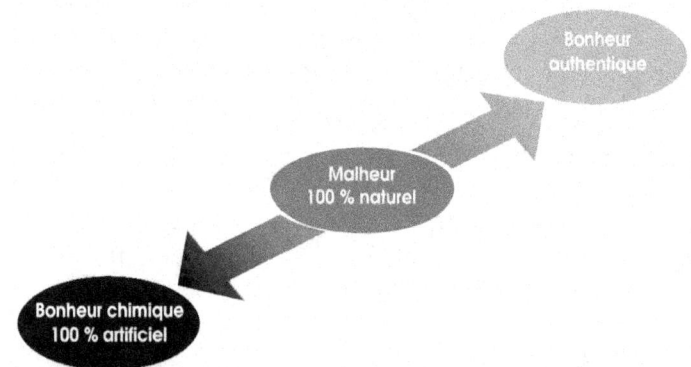

Lorsqu'on se trouve au beau milieu, en plein malheur, on est libre de descendre à gauche comme de monter à droite, mais quand on choisit le bien-être artificiel, on ne se rapproche pas du véritable bonheur, *on s'en éloigne.*

Un état émotionnel authentique est toujours plus près d'un autre état émotionnel authentique que d'un faux : un décor de théâtre ne devient jamais réel, alors qu'une réalité peut se métamorphoser en une autre. Une fleur de pommier peut se changer en pomme, mais une photo numérique de golden delicious améliorée avec Photoshop ne se changera jamais en vrai fruit nourrissant.

À retenir

- Il n'y a pas de potion magique.
- La médecine moderne n'est pas capable de donner un sens à une vie qui en manque, ni de nous protéger contre les conséquences de nos choix.
- On ne se renforce pas en fuyant, mais en résistant... Rien de valable ne s'obtient sans effort.
- Le vrai bonheur est plus près du vrai malheur que du faux bonheur chimique.

Conseil

▶ Faites preuve de courage et de patience. C'est plus facile à dire qu'à faire, effectivement, mais il ne faut pas oublier que pour faire preuve de courage et de patience, il faut commencer par le vouloir. Alors, décidez que vous voulez faire preuve de courage et de patience. C'est un bon début.

Âme

Vous vous souvenez qu'Hitler et Staline fluoraient l'eau des prisonniers pour éviter les mutineries… mais des mutineries, il y en a de toutes sortes.

On consomme des antidépresseurs quand on n'ose pas ou qu'on ne sait pas répondre aux revendications de son âme. On veut éviter ce qui nous dérange, et ce qui nous dérange, c'est nous-mêmes, c'est l'étincelle spirituelle qui fait de nous une créature à part, radicalement différente des orangs-outans et des poulets de Bresse.

Il y a mille et une manières de se trahir ; la prise d'antidépresseurs en est une. C'est une manière de renoncer à soi-même en reniant sa vérité intime. Une manière d'étouffer la mutinerie de son âme, de bâillonner son esprit, de censurer son cœur. Un consommateur l'avoue ingénument :

> « Prendre des médocs, c'est comme m'amputer de ce que je suis vraiment, de ma véritable essence. C'est hiberner de ma réalité, c'est la fuir, c'est viser le moins pire plutôt que le mieux. Avec les médocs, je mets mes sentiments profonds au brancard. »

Cette dernière expression est révélatrice du rôle joué par les antidépresseurs dans notre civilisation. Le *brancard* médical est une sorte de *placard* où l'on met sa vérité au *rancart*. On a choisi : « Ce mal-être n'est pas *mon* mal-être, c'est juste un dysfonctionnement de ceci ou de cela. J'en suis irresponsable. Comme de ma propre vie, qui m'arrive. Je n'y suis pour rien ; je m'en lave les mains. C'est l'affaire du docteur… pas la mienne. »

« Connais-toi toi-même, et tu connaîtras l'univers et les dieux. » À cette devise inscrite sur le fronton du temple de Delphes répond cette autre, inscrite sur le fronton de l'industrie pharmaceutique : « Ignore-toi toi-même, et avale tes cachets. »

À retenir

• Prendre des antidépresseurs, c'est renier sa vérité intime.

Conseil

▶ Même si vous n'êtes pas sûr à 100 % d'en avoir une, respectez votre âme et écoutez-la.

Comment arrêter les antidépresseurs

Arrêter les antidépresseurs est plus simple qu'il n'y paraît.

Au fond, il suffit de le décider en étant prêt à en payer le prix (dans le pire des cas, un douloureux sevrage).

Surtout, ne faites pas de restriction mentale. Ne vous dites pas : « J'essaierai, et si c'est trop dur, je craquerai. » Ni : « Je vais essayer d'arrêter, mais peut-être que je n'en suis pas capable ». Puisque vous savez que vous en êtes capable, faites un vrai choix. Un choix qui vous engage corps et âme.

Voici quelques mesures qui vous faciliteront la transition :

➢ N'appelez plus vos antidépresseurs « mes médicaments », appelez-les « ce poison » ou « cette cochonnerie ». Selon la manière dont on nomme ses cachets, il est plus ou moins facile de les arrêter... Vous aurez beaucoup moins de mal à cesser d'avaler du poison qu'à arrêter vos médicaments.

➢ Renseignez-vous sur tous les effets négatifs et conséquences catastrophiques de votre antidépresseur. On définit parfois l'information comme « ce qui est susceptible d'avoir un effet sur nos décisions » : plus vous en saurez sur vos cachets, plus vous serez motivé pour vous en libérer.

➢ Voici quelques témoignages de personnes qui ont arrêté les antidépresseurs. Les lire accroîtra votre motivation :

> « Cela fait deux mois je ne prends plus rien. J'ai ressenti des étourdissements, mais c'est passé. Maintenant je suis plus présente à moi-même. Je me sens mieux, plus forte. »

> « J'ai arrêté les antidépresseurs depuis un an. J'en avais pris pendant huit ans... À l'arrêt ça a été très dur, mais si on en a la volonté, on y arrive. J'ai pris de l'homéopathie pour m'aider à

sortir de tout ça. Maintenant je vais bien… »

« Voilà presque un mois que j'ai arrêté les antidépresseurs et enfin je commence à m'en sortir… Le sevrage a été très dur au début et je pense que ce n'est pas fini, mais je me sens beaucoup mieux. J'ai perdu du poids, je suis plus vive, et je fais du sport, ce qui m'aide beaucoup. »

« J'ai pris ces médicaments durant quatre ans et demi… Et voici près de deux mois que je les ai arrêtés. Physiquement j'étais accro, les symptômes de sevrage dont j'ai souffert l'ont prouvé. Mais, au fond, pour arrêter, il faut juste un peu de patience… Moi, je me suis mise au vert une semaine... Et maintenant, je suis libérée ! »

« J'ai réussi à arrêter de prendre des antidépresseurs il y a maintenant huit mois. Au début, mon anxiété était surtout reliée au fait que mes idées redevenaient claires et que je ressentais les émotions dans tout mon être. Mon travail en psychothérapie a vraiment démarré à partir de l'arrêt de la médication. Je suis plus présente à moi. Après deux mois d'arrêt complet des antidépresseurs, mon corps s'est habitué à ne plus recevoir sa dose. »

« J'ai réussi à cesser la prise d'antidépresseurs et cela n'a pas été facile. Je dirais même que ce fut excessivement ardu. Il a fallu que je passe par toute une gamme d'effets de sevrage… En plus d'avoir de grosses boules d'angoisse, je fus pris de sudations nocturnes, d'agoraphobie, de douleurs musculaires et d'une sensation détestable : celle d'être gelé : tout autour de moi semblait plastifié... j'avais l'impression d'être dans une autre dimension. Mon corps était en manque. Il a fallu environ trois mois pour que le dégel arrive. »

« Lorsque j'ai voulu arrêter mon antidépresseur, j'ai ressenti tous les symptômes de sevrage avec notamment des vertiges insupportables. Mais je n'ai pas baissé les bras. J'ai commencé par prendre un comprimé un jour sur deux, puis au bout de quinze jours, un comprimé sur trois pendant une semaine, puis j'ai pris une demi-gélule tous les trois jours pendant une semaine puis une demi-gélule tous les quatre jours pendant quinze jours et enfin une demi-gélule tous les cinq jours et enfin, j'ai pu me débarrasser de mon antidépresseur. Il faut beaucoup de courage pour arrêter, mais ça vaut le coup. J'en suis très fière. J'ai compensé par du sport et surtout des ballades pour prendre un bon bol d'air. Avec de la patience et de la persévérance, on peut y arriver. »

➢ En même temps que vous arrêtez les antidépresseurs, ou juste avant d'arrêter, passez à un mode de vie plus sain. Vous n'avez qu'une vague idée de ce qu'est « un mode de vie plus sain » ? Alors voici quelques pistes :

✗ Passez au bio ;

✗ Supprimez le sucre et la farine blanche en les remplaçant par du miel, du riz complet et de la farine complète (pain complet, pâtes complètes, etc.) ;

✗ Consommez davantage de légumes et de fruits ;

✗ Supprimez les mauvaises graisses (huiles hydrogénées, gras des aliments industriels) et remplacez-les par de bonnes graisses : poisson gras tel que le saumon, huile d'olive, huile de noix de coco, noix, noisettes, cacahuètes, amandes ;

✗ Prenez un peu de mélasse noire bio (une cuillère à soupe ou à café) tous les jours ;

✗ Buvez beaucoup d'eau ;

✗ Bougez davantage ;

✗ Prenez le soleil sans lunette (ni lunette de vue, ni lunette de soleil) ;

✗ Finissez vos douches par de l'eau froide ;

✗ Arrêtez le café et couchez-vous avec les poules.

En améliorant votre santé et votre humeur, ces mesures rendront votre sevrage infiniment plus facile.

À retenir

● On renonce plus facilement à du « poison » qu'à « ses médicaments ».

● D'autres ont arrêté, alors pourquoi pas vous ?

● Un mode de vie plus sain rend l'arrêt de toute drogue plus facile.

Conseils

▶ Renoncez aux poisons.

► Quand vous prenez une décision, prenez une vraie décision.

Lectures recommandées

☐ *Halte aux antidépresseurs !* **du docteur Serge Rafal.**

☐ *Coming off Psychiatric Drugs : Successful Withdrawal from Neuroleptics, Antidepressants, Lithium, Carbamazepine and Tranquilizers.*

Aveu...

J'ai un aveu à vous faire.

Ce livre que vous venez de lire ne mérite pas à 100% son titre de "livre" car il s'intègre harmonieusement en tant que partie à un livre beaucoup plus gros, vraiment beaucoup, beaucoup plus gros, MENTALPAX.

MENTALPAX est un puissant antidépresseur naturel, un antidépresseur efficace contre le suicide, la dépression, l'anxiété, la tristesse, et les diverses "maladies mentales" inventées par la psychiatrie.

Si vous avez été interessé ce livre-ci, vous le serez bien plus encore par MENTALPAX, que vous trouverez sous forme de livre broché sur amazon, et sous forme de ebook un peu partout : amazon, kobo, googleplay...

J'espère que vous lirez MENTALPAX, et aussi que vous mettrez un commentaire, sur amazon ou ailleurs, à ce livre-ci, *Libérez-vous de l'alcool et de la cigarette*. Les avis (positifs) que les lecteurs écrivent publiquement sur les sites sont très précieux et importants pour l'auteur comme pour l'éditeur.

Amicalement,

Lucia Canovi

LIBERTÉ • VÉRITÉ • CLARTÉ
Des mots qui aident, guident, réconfortent,
encouragent, éclairent, élèvent ou libèrent...
Catalogue des éditions
lucia-canovi.com

Nos livres sont disponibles sur lucia-canovi.com
aux formats pdf, .mobi et epub.
et nos programmes audios, au format mp3
Si vous voulez un de nos livres sous forme brochée (en vrai livre papier),
vous pouvez passer commande en nous écrivant à *contact@lucia-*
canovi.com

Programmes audios à base d'offirmations – ce n'est PAS une faute d'orthographe !

Les offirmations sont des questions en « pourquoi » et en « nous » inspirées d'Émile Coué et de Noah Saint-John, questions qui permettent, quand on les écoute régulièrement, de programmer son cerveau pour atteindre n'importe quel objectif et réaliser ses rêves.

Écoutez tous les jours <u>100 % confiance en soi</u> et au bout de 30 jours, vous aurez une inébranlable confiance en vous-même.
Pour garder votre calme en toutes circonstances, écoutez tous les jours <u>Enfin calme</u>.
Pour être heureux quoi qu'il arrive, écoutez tous les jours <u>Enfin heureux</u>.
Pour apprendre l'anglais avec rapidité et facilité, écoutez tous les jours <u>Enfin bilingue</u>.
Pour apprendre l'arabe avec enthousiasme et plaisir, écoutez tous les jours <u>Enfin bilingue en arabe</u>.

Parentalité
Parents heureux, enfants joyeux ! Proverbes et citations motivantes pour familles aimantes, de Anna Fonseca

Histoire

La révolution française : une conspiration ?, d'Augustin Barruel

Études/Art d'écrire
7 secrets pour réussir brillamment ses études sans le moindre stress !, de Lucia Canovi.
Écrire une scène d'action en s'inspirant d'un grand romancier, de Lucia Canovi

Psychanalyse
Freud tueur en série : vrais meurtres et théorie erronée, d'Eric Miller
Secrets et dangers de la psychanalyse : Freud n'est pas votre ami, de Lucia Canovi

Science
La terre ne bouge pas, de Gustave Plaisant
La terre est immobile : preuve que la terre ne tourne ni autour de son axe, ni autour du soleil, Carl Schoepffer

Féminisme et sexisme
Sept mensonges du féminisme, de Lucia Canovi
Sept mensonges du sexisme, de Lucia Canovi

Religion/spiritualité
*Eckhart Tolle et l'idiocratie : découvrez la doctrine et les effets d'un grand maître spirituel,''*de Lucia Canovi
L'Islam au-delà des apparences, de Lucia Canovi
Pourquoi j'ai embrassé l'Islam, d'Anselme Turmeda

Essais/Actualité
Réfléchissez ! Racisme, antisémitisme, quenelle et autres sujets sensibles, de Lucia Canovi
Conversations avec l'ennemi de Dieu : le mal au XXIe siècle, de Lucia Canovi
Le Lait du Mensonge : Fragments d'une parole sincère, de Lucia Canovi
Êtes-vous Charlie ?, de Lucia Canovi

Le piroptimisme : faut-il soigner le mal par le mal ?, de Lucia Canovi

Roman
Un baron en caravane, de Elisabeth Von Arnim
Amour et mensonges sous le ciel d'Italie, de Jean Webster
Horace, de George Sand
Les dames vertes, de George Sand
Nanon, de George Sand
Cecilia, de Fanny Burney (12 volumes)

Développement personnel/Psychologie
Marre de la vie ? Tuez la dépression avant qu'elle ne vous tue !, de Lucia Canovi

Le trésor : découvrez la méthode la plus simple de vous faire des alliés et de réaliser vos rêves, de Lucia Canovi

La clé du bonheur : 365 offirmations* pour surmonter dépression, découragement, déprime et être heureux en toutes circonstances [Ce n'est PAS une faute d'orthographe], de Lucia Canovi

La Clé du Calme : 365 offirmations* pour triompher de l'anxiété, du stress, de la colère et trouver la sérénité [Ce n'est PAS une faute d'orthographe], de Lucia Canovi

La Clé de la Richesse : 365 offirmations* à se poser pour s'enrichir malgré la crise [Ce n'est PAS une faute d'orthographe], de Lucia Canovi

Le petit livre de la paix intérieure : Proverbes anti-stress et citations calmantes, de Lucia Canovi

Le petit livre qui fortifie : Proverbes réconfortants et citations motivantes, de Lucia Canovi

Aller mal quand tout va bien : La dépression dédramatisée, de Lucia Canovi

La dépression est-elle une vraie maladie ? 9 idées fausses sur la tristesse et le mal-être, de Lucia Canovi

Et si la dépression avait un sens ?, de Lucia Canovi

Les vraies causes de la dépression, de Lucia Canovi

Libérez-vous de l'alcool et de la cigarette : Comprendre le joug pour le briser, de Lucia Canovi

À propos de Lucia Canovi

Lucia Canovi est auteur, éditeur et iconoclaste. Sa vie comporte trois actes très différents.

Premier Acte : Adeline Aragon gagne six prix littéraires, réussit ses études de lettres modernes et obtient du premier coup l'agrégation, concours réputé pour sa difficulté. Après ces brillantes études, désorientée, elle se tourne vers l'enseignement moins par choix que par impossibilité de changer en gagne-pain l'écriture, sa vocation de toujours. Pendant ce premier acte, elle est athée, cartésienne et militante féministe (Voir son livre *Sept mensonges du féminisme*).

Deuxième Acte : profondément insatisfaite de sa vie même si elle a « tout », à 27 ans elle se lance dans l'astrologie, le tarot et le russe, se teint les cheveux en rouge vif, quitte sa Toulouse natale pour Paris, et troque son rationalisme contre un mysticisme échevelé qui la mène à l'hôpital psychiatrique pour deux semaines. Loin de lui apporter le bonheur, cette route tortueuse se révèle de moins en moins carrossable. Pendant ce second acte, elle fume, boit, construit des châteaux en Espagne (voir son livre *Libérez-vous de l'alcool et de la cigarette : comprendre le joug pour le briser*), continue à écrire sans convaincre aucun éditeur de son génie, et adopte toutes les croyances du Nouvel Âge, dont la réincarnation. Elle est alors une disciple enthousiaste d'Eckhart Tolle (Voir son livre *Eckhart Tolle et l'idiocratie : doctrine et effets d'un « grand maître spirituel »*).

Troisième Acte : arrivée au bout de ses ressources financières, sans ami et sans amour, pour la première fois de sa vie elle se tourne vers Dieu pour Lui demander Son aide. Une semaine après, elle rencontre l'homme de sa vie qui lui propose immédiatement le mariage et l'Islam. Le coup de foudre étant réciproque, elle accepte le mariage. Quelques mois et d'innombrables lectures plus tard, dont *Le Mensonge de l'évolution* d'Harun Yayha, pour son plus grand bonheur elle se convertit à l'Islam.

Encouragée par son mari, elle se remet à l'écriture sous le nom de plume de Lucia Canovi avec un enthousiasme renouvelé et un but bien précis : aider les personnes qui souffrent comme elle a souffert. Son grand livre *Mentalpax : antidépresseur naturel sous forme de livre préconisé dans le traitement de l'anxiété, des idées noires, de la dépression et des autres diagnostics (*publié dans une première version sous le titre *Marre de la vie ?)* est le fruit de huit années de recherches ; les lecteurs l'adorent.

Par la suite, elle écrit sur toutes sortes de sujets, avec un intérêt particulier pour la logique, le développement personnel (voir en particulier son livre *Le trésor : découvrez la méthode la plus simple de vous faire des alliés et de réaliser vos rêves*), la religion (voir son livre *L'Islam au-delà des apparences*) et le mal sous toutes ses formes (voir son livre *Conversations avec l'ennemi de Dieu : le mal au XXIe siècle*).

En 2015, prenant conscience qu'il ne sert à rien d'attendre l'éditeur charmant, Lucia Canovi se décide à créer sa propre maison d'édition par internet, **lucia-canovi.com,** ce qui lui donne l'opportunité de publier *Freud tueur en série : vrais meurtres et théorie erronée*, chef-d'oeuvre d'investigation où Eric Miller prouve par A+B que Freud a sauvagement assassiné son neveu John, ainsi que quelques-uns de ses amis et quelques unes de ses patientes.

Lucia Canovi prend un plaisir subversif à mettre en pièces les mensonges les mieux établis, démolissant en priorité les impostures qui, en raison de leur ancienneté ou de leur succès quasi universel, semblent infiniment plus vénérables que les vérités ridiculisées qu'elles prétendent remplacer. D'où ce nom d'*iconoclaste.*

Elle est aussi l'inventrice des *offirmations*, et ce n'est pas une faute d'orthographe.

Aujourd'hui, Lucia Canovi vit tranquillement en Algérie avec son mari et ses deux enfants, et s'emploie à offrir le meilleur à ses lecteurs de plus en plus nombreux. Ses livres sont traduits en anglais, espagnol, allemand, italien, portugais, japonais, russe et néerlandais. Vous pouvez lui écrire à **lucia@lucia-canovi.com**.

Quittez les chemins battus !

"clair, élégant, documenté... ce livre est vraiment un trésor !"

"J'ai trouvé une pépite..."

Mi-newsletter, mi-coaching existentiel, la lettre bleue vous aide à quitter les chemins battus et trouver le (vrai) bonheur... une citation à la fois.

Vous voulez quitter l'autoroute où tout le monde s'entasse pour trouver le (vrai) bonheur ?

Inscrivez-vous gratuitement à la lettre bleue. La lettre bleue, c'est une goutte de sagesse, de courage et d'anticonformisme tous les matins, sous la forme d'une citation commentée. Inscrivez-vous maintenant, et récupérez du même coup les 20 premières pages du *Trésor.*

C'est ici : http://lucia-canovi.com

Table des matières